集体林权制度改革背景下
林地流转对农户资源配置及收入的影响研究

Study on the Impact of Forest Land Transfer on Farmers' Resource Allocation
and Income under the Background of Collective Forest Tenure Reform

◎汤　旭　著

中国矿业大学出版社

China University of Mining and Technology Press

·徐州·

图书在版编目（CIP）数据

集体林权制度改革背景下林地流转对农户资源配置及收入的影响研究 / 汤旭著 . — 徐州：中国矿业大学出版社，2021.9

ISBN 978-7-5646-5085-8

Ⅰ . ①集… Ⅱ . ①汤… Ⅲ . ①集体林－所有权－流转机制－影响－农户经济－研究－中国 Ⅳ . ① F325.1

中国版本图书馆 CIP 数据核字 (2021) 第 156297 号

书　　名	集体林权制度改革背景下林地流转对农户资源配置及收入的影响研究	
	JITI LINQUAN ZHIDU GAIGE BEIJING XIA LINDI LIUZHUAN DUI NONGHU ZIYUAN PEIZHI JI SHOURU DE YINGXIANG YANJIU	
著　　者	汤　旭	
责任编辑	夏　然	
出版发行	中国矿业大学出版社有限责任公司	
	（江苏省徐州市解放南路 邮编 221008 ）	
营销热线	（0516）83884103　83885105	
出版服务	（0516）83995789　83884920	
网　　址	http://www.cumtp.com　**E-mail**：cumtpvip@cumtp.com	
印　　刷	湖南省众鑫印务有限公司	
开　　本	710 mm×1000 mm　1/16　**印张** 14　**字数** 213 千字	
版次印次	2021 年 9 月第 1 版　2021 年 9 月第 1 次印刷	
定　　价	98.00 元	

（图书出现印装质量问题，本社负责调换）

　　汤　旭　1977 年 9 月生，湖南省南县人，中南林业科技大学经济学院教师，林业经济管理专业博士，硕士生导师。主要研究方向为林业经济、生态经济、森林生态保护以及林地资源优化配置等。分别主持了湖南省自然科学基金、湖南省情与决策咨询研究课题、湖南省教育科学"十三五"规划、湖南省教育厅课程思政项目等 4 项省级课题以及多项厅级课题。先后参与了国家林业和草原局、北京林业大学和中南林业科技大学组织的林业问题调研活动。以第一作者身份先后在 *Environmental Science and Pollution Research*《生态学报》《南京林业大学学报（自然科学版）》《浙江农林大学学报》等期刊发表学术论文 5 篇，以第二作者身份在 *Journal of Environmental Management*《软科学》等期刊发表学术论文 2 篇。

前　言

　　集体林业是中国林业重要的组成部分，它的发展对于解放林业生产力、帮助农民脱贫致富、提升国家生态建设水平和实现乡村振兴战略都具有重大促进作用。新一轮集体林权制度改革始于2003年，到2016年已基本完成了确权到户的主体部分改革，而以林地流转、森林保险和林权抵押贷款等为主要内容的配套改革也已进入深化阶段。目前，商品林流转面积接近两成，日趋扩大的林地流转规模对农户生产经营、收入水平和收入结构都将产生重大影响。

　　为此，本书的研究聚焦于以下几个问题：

　　(1)林地资源的优化配置以林地向林业生产能力高的农户集中为标志，那么现有的林地流转是否促进了农户林地资源的这种优化配置？

　　(2)林地流转对农户劳动力外出务工有何影响？它又如何影响农户的林业劳动投入？

　　(3)农户对林地的生产性资金投入包括固定资产投入和流动资产投入，林地流转对农户在这些资金上的投入数量和投入结构有怎样的影响？

　　(4)林地流转的收入水平效应和收入分配效应是怎样的？

　　本书数据来源于国家林业和草原局的林业软科学课题和林业重大问题调研课题。基于这些数据，并通过众多计量模型的运用，本书取得了以下结论：

　　(1)目前的林地流转市场总体上发挥了优化林地资源配置的作用。对于该结果，本书分别采取了代理变量回归、按经营树种回归、分地区检验、更换计量模型等方法进行检验，证明该结论具有较强的稳健性。同时，本书的研究还说明：林地流转市场可以帮助缺乏林地的农户从林地富余的农户手中把林地流转过来，这使得林地市场的供求趋于均衡。

（2）林地流转交易成本较高使得林地流转市场发育不成熟，这会抑制劳动力的外出务工，但会增加林业劳动供给。此外，林地流转交易成本越高，女性劳动力的外出务工时间就越少。

（3）农户的林地流转决策既会影响生产性资金投入的规模，也会影响资金投入的结构。运用双栏模型（Double-Hurdle 模型）进行回归发现，林地流入会增加生产性资金投入的概率和规模，但林地转出则对资金投入有负面影响。从投入结构来看，林地流入对流动资产和固定资产投入都有积极影响，但对固定资产投入的影响更大，而林地流出会降低固定资产的投入。

（4）林地流转存在显著的增收效应，即无论是林地流入还是林地流出，都有利于提高农户的收入水平。此外，本书采用分位数回归模型研究后发现：在25分位点、50分位点和75分位点上，林地流转对人均林业收入的贡献分别为23%、33.37%和40.63%；林地流转对人均非农收入的贡献分别为32.98%、38.12%和39.23%；林地流转对农户人均家庭收入的贡献分别为37.3%、44.62%和48.14%。高收入农户通过林地的灵活调整来积极地配置生产要素，从而最大幅度地增加了家庭收入，而低收入农户受资金约束以及资源禀赋效应的影响，不能充分享受林地流转交易带来的收入增长好处，因此高收入农户比低收入农户获益更大。

本书创新之处有以下几点：

（1）研究范围较广。本书基于最新的大样本数据，系统地评价了林地流转对农户的林地配置、劳动力配置、生产性资金配置和收入的影响，从而拓展了研究范围。

（2）研究视角新。本书引入了林地流转成本指数和林地流转规模指数，通过它们来测度林地流转市场的发育程度，并以此为基础来分析林地流转市场对农户劳动力外出务工和林业劳动供给的影响。通过这两个指数，可以反映出林地流转市场的改革潜力，因此，引入该指数，使得本书的研究有了较大程度的提升。

（3）计量方法创新。本书综合运用了双变量 Probit 模型、双变量 Tobit 模型、Poisson 回归模型、Fractional Logit 模型、工具变量法、Double-Hurdle 模型、分位数回归模型等多种方法，从而得出了可靠的结论。

目　　录

第1章 导 论

1.1 研究背景

集体林业是中国林业重要的组成部分，它的发展对于解放林业生产力、帮助农民脱贫致富、提升国家生态建设水平和实现乡村振兴战略都具有重大促进作用。自1949年中华人民共和国成立以来，我国的集体林权制度不断发展演进，先后经历了土地改革、农业合作化运动、人民公社化运动、"三定政策"等阶段，目前正在进行新一轮集体林权制度改革。始于2003年的新一轮集体林权制度改革包括主体改革与配套改革两部分，主体改革以确权到户为主要内容，截至2016年年底，已确权面积占集体林地总面积的97.65%，这标志着集体林权制度的主体改革大部分已经完成。在此背景下，以林地流转、森林保险和林权抵押贷款等为主要内容的配套改革也已进入深化阶段。新的集体林权改革逐渐完善了农民对于森林土地的权益，扩大了他们的林地经营自主权，提高了农民调整林业生产资源、提升林业生产效率的积极性，农民将更加主动地造林和营林，从而有利于促进集体林业良性发展(刘璨等，2017)。然而，集体林权制度改革也产生了一些问题，如林地细碎化经营(刘璨等，2015)、资源配置积极性不及预期(李周，2008；孔凡斌和杜丽，2008)、林地配置扭曲和利用低效率等，这些问题伴随着城镇化与农村劳动力的非农转移而日渐凸显。

针对集体林权制度改革的不足，培育林地流转市场与促进林业规模化经营是深化改革制度的必然选择：林地流转有利于降低林地细碎化程度，有利于林地从生产能力较低的农户流向生产能力更高的农户，从而实现资源配置的效率改进；林地流转有利于引导劳动者外出务工，从而降低林地的劳动力密集程度；林地流转有利于吸引外部资本的进入，从而可以解决林业资金投入不足的问题；林地流转通过改进资源配置效率，不仅可以提高林地的经济效益，还可以提升林地的生态效益与社会效益，从而促进集体林业的长期发展。基于林地流转的以上几个作用，政府自2013年至2018年以来连续颁布的涉农文件都明确支持林地流转，各级政府也鼓励采取各种方式来促进林地资源的流转，以此实现林业的适度规模经营。在中央和各级政府的积极推动下，集体林地流转增长明显，截至2017年，《集体林权制度改革监测报告(2017)》显示商品林的林地流转面积占比接近两成，这反映林地流转市场已日趋成熟。日渐活跃的林地流转不仅会改变农户对林地资源、生产性资金资源和劳动力资源的配置，而且会改变农户的林业收入、非农收入和家庭收入，更会对农户的收入分配产生一定的影响。

林地流转被政府寄予厚望，它具有优化林地资源配置、增加林业投入、促进规模经营、提高林业生产效率和农民收入的多重功能。由于以上政策目标较为复杂，难以找到一个综合评判方法，所以本书拟从林区农户角度来考察林地流转的影响。在林地流转的影响下，林区农户对林地资源、劳动力资源、生产性资金资源的配置都会发生较大改变，与此同时，农户收入也会发生相应改变。在新一轮集体林权制度改革以前，由于林地产权制度的各种约束，具有林业生产比较优势的农户无法流入林地扩大经营规模，这不利于解放林业生产力。而在非农产业具有比较优势的农户无法将林地转出，这不利于农户劳动力的非农转移，因此也抑制了农户对劳动力进行最优配置。自从新的集体林权制度改革以后，农民具有更大的经营自主权，农民可以更加自由地选择流入和流出林地资源，这使得具有林业生产比较优势的农户可以流入林地，通过提高规模经营水平、增加林业生产性资金投入来增加农户收入；而具有非农产业比较优势的农户可以流出林地，通过劳动力的非农转移来增加工资性收入，同时通过林地流出增加财产性收入。综上所述，林地流转既改变了农户的资源配置，也改变了农户的收入水平，还改变了农户的收入结构。

以上分析只是粗略地勾勒出林地流转对农户的影响，还缺乏大样本数据的支撑以及实证模型的验证。对于集体林区农户而言，林地流转的发展对农户的资源配置到底产生了怎样的作用？它又是如何影响农户收入水平和收入结构的？这些影响的大小如何？目前学术界还没有统一的定论。有的学者认为，林地流转有效地改变了农户的资源配置，它能促进农户资源配置效率的提高，从而增加农户的收入（孔凡斌和廖文梅，2012；Xie et al.，2014；詹礼辉等，2016）；还有其他学者从社会公平的角度出发，认为林地流转对规模大小不同的农户的影响是不同的，它对林业经营大户的影响更加有利，林地流转会导致土地向大户过度集中，因此会加大农户收入差距，从而恶化农村收入分配（何文剑等，2014）。

以上争论孰对孰错，需要基于大样本的经验和数据。为此，本书希望通过大样本的问卷调查，来研究林地流转对农户资源配置和收入的影响。因此，本书的研究将着重解决下列几个问题：

（1）目前林地流转的现状是怎样的：农户参加林地流转的比率有多高？林地主要以什么样的方式流转？林地流转的对象是谁？林地流转的原因是什么？

（2）林地资源的优化配置以林地向林业生产能力高的农户集中为标志，现有的林地流转是否促进了农户林地资源的这种优化配置？

（3）由于林地流转市场发展比较晚，林地流转市场的交易成本较高，林地流转市场发育还不成熟，那么在目前阶段，林地流转市场对农户劳动力外出务工规模和外出务工性别结构有何影响？它又如何影响农村留守人员的林业劳动投入？

（4）农户对林地的生产性资金投入包括固定资产投入和流动资产投入，林地流转对农户的资金投入数量和投入结构有怎样的影响？异质性农户(对农户按不同禀赋特征进行分类。按生产能力划分，可分为高效率农户和低效率农户；按职业分化可分为专业农户和兼业农户)在林业生产资金的供给上有什么不同？

(5)林地流转的收入效应是怎样的？从收入分配角度看，由于林地流转存在门槛效应，收入不同的农户参与林地流转的比例存在差异，那么林地流转对不同收入水平农户的影响有何差别？

1.2 研究意义

1.2.1 理论意义

林地流转是深化集体林权制度改革、推动农村经济发展、实现乡村振兴战略的重要环节，它将深刻改变农村经济的发展模式。目前对于农村土地流转的各类研究要远远早于林业土地流转的研究，这是因为农业土地流转早在1984年就得到了政府政策允许，经过30多年的发展，农业土地流转规模已经非常庞大，但林业土地流转在2003年开始试点，2008年才开始全面推广，所以目前研究主要还是集中在农业土地方面，而有关于林地流转的研究比较少。由于林地流转的研究起步较晚，现有研究还不够全面和系统，所以本书的研究将是对该问题的有益补充。

从现有研究林地流转的文献来看，研究林地流转影响因素的论文较多，如家庭资源禀赋、个体认知、非农就业对林地流转的影响，但反向研究林地流转对林地、劳动力、资金配置的影响的文献还比较少，这种研究现状与林地流转迅速发展的现实背景不符，因此本书将深入分析林地流转对农户资源配置和收入的影响，以弥补现有研究在这一方面的缺陷。

1.2.2　实践意义

本研究的现实意义体现在：

（1）目前随着我国林地发证率的逐渐普及，我国以确权入户为标志的集体林权制度主体改革已经大体完成，现在该制度的改革发展方向已转变为以林地流转、林权抵押贷款等多方面配套改革为主要内容。在产权明晰、承包到户的改革任务已经完成的情况下，一部分承包农户不愿经营、不会经营的问题凸显，这也是全国范围内的一个普遍问题，因此，客观评价深化改革的效果，有助于厘清下一步改革的方向，有助于制定切实可行的林改政策。

（2）当前对于林地流转评价存在许多褒贬不一的分歧，本书将基于问卷调查数据，评估林地流转对林地资源配置、劳动力配置、生产性资金配置和农户收入等方面的影响，从而为林地流转的政策研究提供更多的数据分析，也为以后的林业政策制定提供有价值的参考意见。

1.3　研究目的

本书的研究目的有：

（1）通过研究林地流转对农户林地、劳动力和资金资源配置的影响，分析林地流转影响农户资源配置的机理。同时，通过实证分析来客观评价林地流转的效果，并从中找出抑制林地流转的障碍因素，以厘清下一步改革的方向，制定切实可行的林权制度改革政策。

（2）通过研究林地流转对农户收入水平和收入分配的影响，梳理林地流转的收入水平效应和收入分配效应。对农户按收入高低不同进行分类，并运用实证模型来分析林地流转对各收入阶层农户收入的影响，来评估林地流转是否促进了农户收入的公平分配。

（3）在以上分析的基础上，系统提出促进林地流转交易的制度建设建议，以消除障碍因素，提升林地流转交易的规模。同时，基于林地流转的收入水平效应和收入分配效应分析，提出促进农户收入公平分配的措施与建议。

1.4 研究内容

本书包括以下研究内容：

(1)林地流转市场的现状分析。本书基于湖南、江西和福建三省的微观调查数据，归纳分析样本农户的林地流转市场情况，并分析农户的林地生产经营情况。在林地流转数据中，本书将主要分析农户的林地流转参与比率、流转规模、流转对象与流转原因。在林地生产经营数据中，本书将重点分析农户林地经营规模、劳动力投入、流动性资金投入、固定性资金投入以及农户收入情况。

(2)林地流转对林地资源配置的影响。林地资源的优化配置必然是林地资源向林业生产能力高的农户集中，即林地通过流转从林业生产能力低的农户流向生产能力高的农户。因此，为研究林地流转是否促进了林地资源的优化配置，本书首先利用随机前沿生产函数和超越对数生产函数来测算农户的林业生产能力，然后运用该变量来与农户林地流转决策进行回归，以检验林地资源是否在农户间实现了优化配置。同时，为检验该模型的稳健性，本书通过代理变量回归、按经营树种回归、分地区回归和更换计量模型等方法来进行检验。

(3)林地流转对劳动力资源配置的影响。林地流转会改变农户在林业与非农就业之间的劳动力配置，从而促进社会分工。由于林业生产存在劳动力过密化现象，这抑制了劳动生产率的提高，而劳动力外出务工有利于缓解人地矛盾。为评估林地流转对劳动力资源配置的影响，本书从林地流转市场的角度来分析林地流转对农户劳动力资源配置的影响。林地流转市场的发育程度与交易成本有关，为此，本书分别构建了林地流转成本指数和林地流转规模指数来测度交易成本，然后建立这两个核心解释变量与外出务工和林业劳动投入之间的回归模型，以分析林地流转市场对外出务工数量和林业劳动投入的影响。同时，为了分析农村留守劳动力女性化和老龄化的现象，本书还分析了林地流转市场对林业劳动力女性化和老龄化的影响。

(4) 林地流转对生产性资金资源配置的影响。随着林地确权范围的进一步扩大，林农对于林地的生产决策更加灵活，林地流转的数量不断增长，这对农户林业生产性资金的投入数量和投入结构都产生了重要影响。因此，本书研究以下几个问题：林地流转对包括种苗、农药和化肥等项目在内的林业生产性资金投入的影响；林地流转对包括流动性资产和固定性资产在内的林业生产性资金投入结构的影响；林地流转对于生产能力高低不同和兼业高低程度不同等异质性农户资金供给的影响。目前，国内对农户林业生产性资金投入的研究很少，而从林地流转角度来分析其对林业生产性资金资源配置影响的文献就更少了。为此，本书将采用 Double-Hurdle 模型和删截回归模型，来分析林地流转对农户生产性资金投入数量和生产性资金投入结构的影响。

(5) 林地流转对农户收入的影响。林地流转对农户林地资源、劳动力资源和生产性资金资源配置的影响，必然会改变农户收入。农户收入有收入水平和收入分配两个内涵，因此，本书从这两个维度来分析林地流转的影响：首先，从收入水平角度来看，将农户收入细化为人均林业收入、人均非农收入与人均家庭收入三部分，并且运用固定效应模型来分析林地流转对它们的影响；其次，从收入分配角度来看，将运用分位数回归模型分析林地流转对不同收入水平农户的人均林业收入、人均非农收入和人均家庭收入的影响。

1.5　研究思路和方法

1.5.1　研究思路

农户家庭的生产资源包括林地、劳动力和资金，这三种资源的改变都会引起收入的变化。因此，为实现收入的增长，农户会积极地改变生产资源的配置，以提高资源配置的效率。林地流转不仅会改变农户的林地资源拥有量，而且会引起农户劳动力和生产性资金配置的变化，本书将运用多种计量方法来逐步分析林地流转对各种生产要素配置以及收入的影响。

本书首先基于湖南、江西和福建三省的微观调查数据，归纳分析样本农户的林地流转参与率、林地流转规模、林地流转对象、林地流转租金、林地流转原因，以了解目前林地流转的现状。其次，通过随机前沿生产函数和超越对数生产函数来测算农户的林业生产能力水平，并建立其与林地流转概率和林地流转数量的回归关系式。再次，由于村级林地流转市场的发育状况与交易成本有关，本书构建了林地流转成本指数和林地流转规模指数来反映林地流转的交易成本，并以此来检验林地流转市场的交易成本对农户家庭外出务工和林业劳动的影响。然后采用 Double-Hurdle 模型分析林地流转对生产性资金投入数量的影响。最后，本书从收入增长角度分析林地流转对农户收入水平和收入结构的影响，并从收入分配角度分析林地流转对不同收入水平农户收入的影响。

本书研究遵循如图 1-1 所示的技术路线。

1.5.2　研究方法

为了分析林地流转对农户资源配置和收入所产生的影响，本书将采取以下计量方法进行研究：

（1）随机前沿模型和固定效应模型。为衡量林地流转是否从林业生产能力较低的农户流向了生产能力较高的农户，需要测算农户的林业生产能力。为此，本书运用了基于超越对数生产函数的随机前沿模型，通过农户的资源投入以及产出来测算样本农户的林业生产能力。此外，在测算农户的林业生产能力和分析林地流转对农户收入增长的影响时，本书运用了固定效应模型。

（2）双变量 Probit 模型和双变量 Tobit 模型。由于林地流入与流出受家庭共同因素的影响，所以在分析农户转入与转出林地的概率时，本书选择了双变量 Probit 模型，在分析农户转入与转出林地的面积时，本书采用了双变量 Tobit 模型。双变量 Probit 模型设置了转入的概率与流出的概率这两个被解释变量，

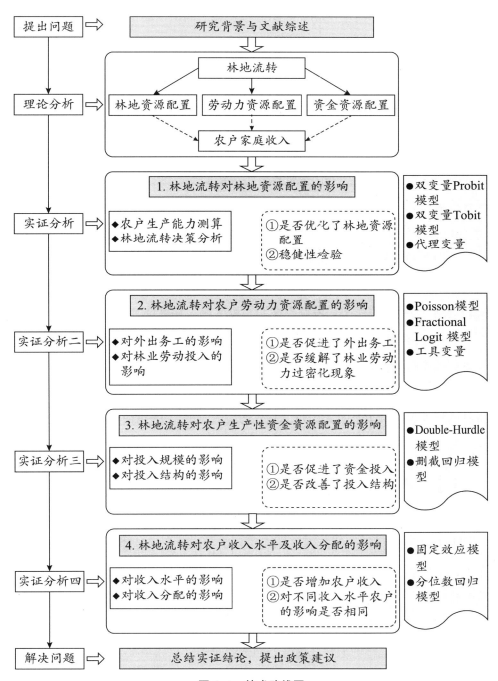

图1-1 技术路线图

双变量 Tobit 模型也设置了转入的面积与转出的面积这两个被解释变量。这两个模型与普通的 Probit 模型和 Tobit 模型相比，优势在于考虑了农户在转入与转出两种选择之间的相关性。

（3）Double-Hurdle 模型。农户生产性资金投入行为和数量选择这两个决策不是同时进行的。农户生产性资金的投入决策包括行为选择与数量选择两种过程，因此，可以说资金投入决策实际上是两个阶段决策过程有机结合的产物。Double-Hurdle 模型能较好地处理两阶段决策问题，所以本书运用该模型来分析林地流转对农户是否投入生产性资金以及投入多少资金的影响。

（4）工具变量（IV）法。本书在分析林地流转市场的发育程度如何影响农户的劳动力资源配置时，虽然从逻辑上避免了反向因果的影响，但是仍然不能完全避免林地流转市场与劳动力配置的内生性问题，因此本书选择"村里对林地流转限制"为林地流转市场发育程度的工具变量，并进行 IV 估计。

（5）分位数回归模型。由于林地流转存在门槛效应，收入水平不同的农户参与林地流转的程度不同，因此为分析林地流转对不同收入水平农户收入的影响，本书采用分位数回归模型。该模型有助于从收入分配的视角来剖析林地流转对低收入农户、中等收入农户以及高收入农户所产生影响的差异。

1.6 本研究的创新点

与现有林地流转的文献进行对比，本书在以下几方面有所创新：

（1）系统分析林地流转对农户林地、劳动力、资金等各种资源配置的影响，由于以上任何一项资源的配置发生改变都会影响收入，因此本书将深度解析林地流转对农户收入的诸多影响。林地流转对农户的影响是多方面的，它包括林地、劳动力和生产性资金等几个方面，但目前的文献一般只研究其中的某个方面，而系统地研究林地流转在这些方面的影响的文献几乎没有，因此本书弥补了这方面的不足，拓展了该领域的研究。

（2）为测度林地流转市场的发育程度，本书引入了"林地流转成本指数"和"林地流转规模指数"。现有对林地流转的研究大多是基于该市场发育完全成熟的假设，但这与现实不符，因此，为分析林地流转市场对农户劳动力配置的影响，本书在第5章引入了这两个指数，通过它们来测度林地流转市场的发育程度，并以此为基础来分析林地流转市场对农户劳动力外出务工和林业劳动供给的影响。

（3）研究方法上的应用创新。在分析林地流转的林地配置效应时，本书考虑了家庭特征或偏好对林地流入与林地流出的共同影响，因此引入了双变量 Probit 模型与双变量 Tobit 模型。在分析林地流转对劳动力配置的影响时，由于家庭外出务工人数仅取很少的几个非负整数值，所以引入了泊松模型。在分析林地流转对生产性资金配置的影响时，本书考虑到资金投入行为与投入数量是农户资产投入决策的两个过程，因此引入了 Double-Hurdle 模型。由于农户存在异质性问题使得其收入水平高低不同，所以本书引入了分位数回归模型来分析林地流转对低收入、中等收入和高收入农户收入的影响。

第2章 理论基础与文献综述

2.1 概念界定

2.1.1 集体林与集体林权制度改革

按照所有制关系，中国森林资源分为集体林与国有林。其中集体林主要分布在湖南、江西、福建、广东、广西等南方省份，北方的山东、河北两省也有部分分布。国有林则主要分布于东北林区(黑龙江、吉林、内蒙古)以及西北林区(新疆和青海)，此外，西南林区(西藏和云南)也分布较多。

集体林既与农民的生产生活密切相关，也与国家的生态建设和生态保护休戚相关。新中国成立以来，为了更好地提高生产力、进一步增加农民收入，我国集体林权制度先后经历了五个阶段的调整。第一阶段是土地改革时期，政府将没收与征收的林地统一分配给农户，确认农民土地所有制，并颁发林权证明。第二阶段是农业合作化时期，通过人民公社将林地的私人所有转变为人民公社集体所有，由此开始了林地的集体所有制。第三阶段是人民公社时期，前期除少量自留山外，大部分林地收归人民公社。第四阶段是在改革开放后，林业实行"三定"政策的时期，确定了林业生产的责任制，并对森林采伐实行限额制度。第五阶段为集体林权制度改革的全面推进与深化时期。为提高林业生产力，自2003年起，国家首先在江西、福建和辽宁三省实行试点改革。在取得初步成效后，于2008年在全国推广。这一阶段的改革分为主体改革与配套改革两部分，其中主体改革的主要内容是确权到户，这部分工作已基本完成，而配套改革主要包括林权抵押贷款、林业保险、林地流转等内容，这部分改革目前正在深入进行中。因此，自2003年开始的第五阶段集体林权的制度改革，才是本书所指的集体林权制度改革。

2.1.2　农民、林农与农户

目前学术界对于农民的定义存在分歧，但大多数学者对农民身份的判断是根据户籍制度，凡是户籍在农村的生产者即为农民。然而，农民的范畴会随着时代的变迁而发生变化。自改革开放以来，农民进城务工的数量越来越多，他们逐渐摆脱了对农业的依赖，此时的农民就与之前的定义有所区别。为此，本书参照其他学者定义，将农民定义为：与经营土地和农业生产有关，而无论他的职业是否与农业有关的人（钱杭，2005）。

由于林业属于大农业，因此林农属于农民的一个细分类别，它们之间存在一些共同之处，但也存在一定的差异。作为本书研究的主要对象，林农主要是指居住在林区，拥有一定林地承包经营权，从事森林抚育、森林管护、森林采伐等经营活动的农民。

农户是一个户籍概念，是指常住在农村的住户，它包括了家庭的所有成员。农户作为农村社会的基本单元，他们的生产经营决策既可以影响家庭土地资源、劳动力资源和资金资源的配置，也会影响到家庭收入的增长，同时还会对农业经济的生产效益产生重要影响。结合前文对农民、林农的论述，本书将农户界定为：常住农村、拥有林地承包经营权、从事造林与营林等生产经营活动、生产单位为家庭的住户。

2.1.3　林地流转

林地是林业经营活动的基础，与林地有关的权利统称为林权。目前，集体林权流转有以下两个层次：一级流转是指林权从集体流转至农户或其他经营实体；二级流转是指农户与农户之间的林权流转。农户通过一级流转获得的林权具有社会保障性质，目的在于保障农户的基本生活，因此这部分流转属于非市场化运作。本书研究范围不包括对集体林权一级流转的研究，而主要是对农户之间的集体林权二级流转进行研究。

2.1.4　资源配置

资源在辞海中的释义为"资财之源"。本书中所述资源为生产资源，它是生产与经营活动中土地、劳动力和资金的总称。目前对资源配置还没有明确而严格的定义。结合本书的研究主题，资源配置（resource allocation）可定义为生产经营主体对土地、劳动力和资金这些资源在不同用途上进行分配的过程。它包括以下两层含义：资源配置是相关生产经营主体对各个生产要素在不同用途、不同区域间的分配；资源配置是相关生产经营主体对土地、劳动力、技术和资金等各种资源不断调整与组合的动态过程。

资源配置的优化目标是尽可能用最少的资源生产出最多的产品，从而获取最多的收益，简而言之，资源配置的目标就是提高投入产出比。资源配置的优化需要一定的条件：首先，资源配置需要一个动力机制，即资源配置能够提高生产经营主体的经济利益，这是促进生产主体优化资源配置的动力机制；其次，资源配置需要一个决策机制，从经济实践来看，决策机制有市场与政府两种方式，这两种方式各有优劣。

林地流转的目标在于促进农户对林地、劳动力和生产性资金的有效配置，从而提高集体林业的生产力，促进农民收入的增长。当林地从生产效率低的农户流向生产效率高的农户时，就实现了林地的优化配置；当农户流入林地的同时劳动力和资金都会发生配置状态的变化。

2.2 理论基础

2.2.1 资源配置理论

由于稀缺的资源无法满足人类的无限需求，所以经济学研究的一个重要课题就是如何优化资源配置，即研究怎样在各个主体以及各种用途间分配资源。为促进林业经济效益的提高，农户在林业生产经营中，也应以资源配置理论为指导，来优化稀缺生产资源的配置决策。资源配置理论在经济学中占有重要地位，随着时代变迁，相关理论也先后经历了古典经济学、新古典经济学、制度经济学和新制度经济学的不断变化，本书将以上各理论的核心观点总结如下：

2.2.1.1 古典经济学资源配置理论

亚当·斯密（Adam Smith）将经济学的研究领域从流通领域扩展到大生产领域，并全面开始探讨资源配置问题。在亚当·斯密的经济理论中关于资源配置的阐述主要包括：

（1）亚当·斯密奉行完全竞争理论，提出了"一元配置论"，即在自由市场条件下由"看不见的手"这个市场机制来进行自由调节，从而优化生产资源在企业之间的配置。

（2）亚当·斯密认为为了防止社会秩序出现紊乱，"看不见的手"这个市场机制必须要遵循国家法律制度。这些法律制度既包括法律法规，也包括正义规则和行政管理制度。

（3）亚当·斯密还认为由于教育能够提高人在资源配置中的主观能动作用，所以发展教育对开发智力、增加财富和提高配置效率方面有积极意义。

2.2.1.2 新古典经济学资源配置理论

由于古典经济学无法解释宏观经济周期性危机、垄断竞争、失业和资源的浪费使用等问题，所以在19世纪中后期先后产生了张伯伦革命、凯恩斯革命和理性预期革命等来试图解释以上问题，并以此为基础逐步研究和探索形成了新古典经济学理论，该理论框架包括以下几个论点：

（1）资源稀缺性假设。人们的需求总是无限的，而生产资源相对于无止境的欲望总是稀缺的，于是这就形成了一个资源配置的矛盾。如何解决该矛盾，以合理配置资源，并形成最大的产出来满足人类需求，这就是各生产经营主体进行资源配置的主要任务。

（2）价格均衡的基础作用。生产要素与产品都由市场交换来实现稀缺资源的重新配置，同时在市场供求机制的调节下来实现价格均衡，从而完成稀缺资源的优化配置。竞争性的市场价格机制促使生产主体不断优化资源配置方式，当资源价格上升时，生产主体只有改进生产技术才能提升资源配置效率。

（3）市场配置的主导作用。市场配置的最优状态为一般均衡，瓦尔拉斯（Walras）对此确定了实现一般均衡所需要的条件。同时，阿罗－德布鲁定理提出当经济体系中的价格实现了均衡时，则对所有人而言，资源实现了优化配置。

（4）帕累托最优与帕累托改进。帕累托（Pareto）通过无差异曲线与瓦尔拉斯一般均衡模型来描述各经济变量之间的关系，并得出消费、生产和交换的最优条件。帕累托最优就是当资源配置状态改变时，不会使任何人的效应变好但会使部分人效应变差，该状态即为帕累托最优。通常而言，资源配置存在无效率部分，这可以通过改变配置来提高配置效率。

（5）新古典综合派。虽然新古典经济学经过几次革命，但仍无法解释总供给总需求的失衡问题和经济中常见的失业问题，所以以萨缪尔森（Samuelson）、托宾（Tobin）为代表的新古典综合派在综合了凯恩斯理论与马歇尔理论的基础上，提出市场配置方式容易失灵的观点，同时市场配置还容易导致收入分配不平等问题，所以需要政府通过税收和支出等方式来调节经济，促进就业和保障社会公平。

2.2.1.3　制度经济学资源配置理论

由于新古典经济学在资源配置理论方面存在缺陷，所以在19世纪末至20

世纪初，制度经济学便应运而生。制度经济学指出了古典经济学与新古典经济学在制度问题上的缺陷，认为对经济学的分析应该纳入对制度的分析，并将其放在主要位置，只有将经济与制度结合起来，才能了解制度及其变化在资源配置中的作用。

2.2.1.4 新制度经济学资源配置理论

尽管制度经济学取得了一定突破，但由于制度经济学缺乏完整的理论体系，而且批判的对象是经济学中居于正统地位的马歇尔理论，所以被西方经济学视为异端。制度经济学家逐渐重视交易费用在资源配置中的作用，并以此为基础形成了交易费用理论。像摩擦力在物理中被发现一样，交易费用理论的提出，使得用经济理论来分析经济问题可以实现形式化、模型化，也更加接近经济现实。

科斯（R. H. Coase）、威廉姆森（J. Williamson）、阿尔钦（A. Alchian）、诺斯（D. C. North）、张五常等新制度经济学家通过不断对制度理论进行拓展与完善，形成了别具一格的经济流派，并因为该理论符合实际的解释，使得该理论越来越多的应用于资源配置实践中。较之以往，新制度经济学的理论创新有以下几点：

（1）交易费用理论。通过市场来配置资源是会产生成本的，这个成本即交易费用，它包括产权界定、信息搜索、合同谈判、监督执行等费用。由于交易费用与物理中的摩擦力一样，它的存在降低了市场方式来配置资源的效率，因此需要通过改进制度来降低交易成本。

（2）产权理论。产权是制度的基础，它涵盖的范围很广，不单包含了所有权、使用权，还包括收益权、处置权等权利。合理的产权制度有利于保护生产经营主体的权益，激发他们的积极性，促使他们不断提高资源配置的效率，而不合理的产权制度会产生相反的效果，因此合理的产权安排是提升资源配置效率的基础。

（3）制度变迁理论。诺斯认为虽然技术可以促进经济增长，但如果不进行包括产权制度、法律制度在内的制度创新和制度变迁，则会限制资源配置效率的提高和经济的长期增长。总之，制度变迁的作用在于节约交易费用。

2.2.2　农户经济行为理论

作为资源配置的决策主体，农户在配置资源时与企业有何差异，以及农户的自身禀赋如何影响配置决策，都是本书需要分析的重点。在林业生产中，农户家庭是一个基本生产单元，在这个基本单元内，家庭成员们共同生活与生产，并通过家庭内部决策来安排林地、劳动力和资金的分配，以满足家庭的物质需要。由于农户家庭之间存在土地、教育、年龄和交通等方面的禀赋差异，所以农户间的生产经济行为也存在较大差别。目前对于农户经济行为的研究较多（胡豹，2004），本书从中主要梳理了以下三种理论。

2.2.2.1　组织生产理论

组织生产理论产生于20世纪20年代末，由俄国经济学家恰亚诺夫（A. V. Chayanow）提出。恰亚诺夫认为小农经济是一种专有的经济，它与资本主义经济的运行机制不同，因此是两个不同的经济类型。

恰亚诺夫观察到农户有时会做出有违经济学常理的选择。如在人口稠密、土地资源短缺的情况下，农民还会继续投入劳动力要素，这就造成了农户的"自我剥削"现象。这种现象在资本主义经济下是不可理解的，因为企业绝不会在边际收益低于边际成本尤其是低于平均工资的情况下还继续追加劳动投入。对于这种反常经济行为，恰亚诺夫认为要从劳动与消费两个不同的角度来进行分析。从生产角度来看，为了保证农业产出的稳定，需要付出艰辛的劳动，这对农户来讲是一种"劳动的负效应"；而从消费角度来看，农业生产既可以满足家庭物质消费需求，又可以带来精神上的享受，因此农业生产存在"收入的正效应"。随着农业产出和收入的增长，劳动负效应呈递增趋势，而收入正效应呈递减趋势，当两者相等时，即实现了劳动与消费的均衡。当劳动的负效应低于收入的正效应时，由于增加劳动投入会增加精神的满足，也会带来产品和收入的增长，所以农户仍然会增加劳动投入。当劳动的负效应高于收入的正效应时，投入劳动的收入满足程度无法弥补劳动的负效应，农户就会停止投入劳动力。只有当两者相等时，才能取得最佳的平衡点。恰亚诺夫还发现禀赋差异使得不同农户对于这两个效应的评价也存在差别，一般来说，低收入农户对收入正效应的评估较高，对劳动负效应的评估较低，由此导致均衡点的边际收益非常低，甚至低于平均工资，因此产生了小农的"自我剥削"现象。

此外，詹姆斯·斯科特（James C. Scott）从风险角度指出小农经营面临较大的风险，由于贫困会导致风险抵御能力差，而冒险容易导致灭顶之灾，所以小农户在农业经营中持保守态度，他们在进行生产经营时首先考虑的是满足家庭物质需要，而不是利润最大化。

企业组织生产时需要考虑净收益和社会平均收益，只有在净收益大于零且大于社会平均收益时才会组织生产。企业净收益的核算一般是总收入扣除所有直接成本以及工人工资，只有净收益大于零才有利可图。此外，如果净收益低于社会平均收益，则说明生产要素没有合理配置，企业可能转行。农户在生产决策时与企业不同，农户考虑的首先不是净利润，而且由于农业的投入与产出分布在不同时段，所以农户净利润的核算比企业的核算要更困难。这些原因使得农户安排生产主要是追求劳动与消费之间的平衡，这是农户与企业在生产经营方面的重要区别。由于组织生产理论非常切合20世纪初俄国与其他发展中国家的农业生产实际，所以该理论显示了它顽强的生命力。

2.2.2.2 理性小农理论

西奥多·舒尔茨（Theodore W. Schultz）提出理性小农理论。与传统观点相反，他认为农民实际上非常精明，他们每天都在思考怎样提高投入产出比，因此农民是非常理性的经济人，他们对资源的配置是高效率的，即使引入专家指导，也很难取得一点改进。

舒尔茨认为农业落后是因为投资太少，而投资少的根源在于投资收益率太低，所以无法刺激对农业的投资。只有引入如先进技术或设备等新的生产要素，才能改造农业。由于农业投资收益率较低，而且农户的知识和技能水平都较低，因此农户对先进技术和设备等新生产要素的需求程度也较低。一旦了解到引入新的生产要素是有利可图的，农户就会增加对农业的投资。但对新的生产要素的投资并不会简单地增加农业产出，它只有在农民掌握新的知识和技能的前提下才能发挥效益，所以人力资本的投资才是农业增长的源泉。

2.2.2.3 过密化小农理论

黄宗智从历史分析的角度，基于明清以来中国长江三角洲及华北地区的农业发展概况，指出该地区在几百年的商品化和城市化进程中，小农经济并没有发生质变，农民经营实际上日益陷于"过密化"。这个"过密化"包括两个含义：首先，由于家庭耕地面积狭小而劳动力资源过剩，导致人多地少的矛盾长期存在，为了维持生计，农户在边际收益很低的情况下仍然增加劳动投入，因此形成了投入农业生产中的劳动力过于集中的现象；其次，这种经营模式与小农经济结合在一起，形成一种特别顽固的小农经济体系。黄宗智对此的解释有两个：一是农户的生产经营没有边际报酬概念；二是缺少就业机会导致过密化投入劳动力的机会成本几乎为零。

中华人民共和国成立以来，农业劳动力投入"过密化"状态仍然没有改观，这是因为人口的迅速增长，抵消了现代化生产要素投入所发挥的作用。直到乡村工业的大规模发展，吸纳了大量农村劳动力，才改变了这种状态。

以上分析说明，组织生产理论、理性小农理论以及过密化小农理论都认为小农经济与市场经济一样，都有存在的理由，都可以共存发展。组织生产理论用劳动与消费的均衡来解释劳动力的过度投入现象，理性小农理论认为农民人力资本投资过少是农业落后的根源，过密化小农理论认为人口的迅速增长和生存的压力使得农民不得不在狭小的耕地上过度地投入劳动力。尽管因为研究对象与研究方法的不同而导致以上理论的论点有所差异，但这些都符合特定情形下的客观实际。就我国集体林区中的农户而言，单一的理论不能完全解释农户经济行为，所以必须建立符合我国国情的分析体系，才能准确分析林地流转的影响。

2.2.3 福利经济学理论

2.2.3.1 福利经济学的流派

林地流转不仅会影响农户对林地、劳动力和资金方面的配置，而且还会影响农户的收入。它对农户收入的影响包括收入增长和收入分配。这部分的分析主要与福利经济学理论有关。福利经济学由庇古（Pigou）提出，主要研究资源配置效率以及收入分配的公平问题。庇古的收入分配理论发展了马歇尔的国民收入问题，同时凯恩斯的国民生产总值决定理论也是在此基础上发展而来。福利经济学在效用可比性、收入分配均等的重要性等基本观念上存在变化，具体内容如表2-1所示。

表 2-1　福利经济学的发展演变

流派	代表	基数或序数效用论	福利的人际可比性	收入分配均等的重要性
旧福利经济学	庇古	基数	人际间可比	重要
新福利经济学	帕累托、卡尔多（Kaldor）、希克斯（Hicks）	序数	人际间不可比	不重要
现代福利经济学	阿罗（Arrow）、森（Sen）	基数—序数	人际间可比	重要

产生于20世纪30年代的旧福利经济学家以庇古为代表，他提出要把效应理论、边际理论和效应基数论结合起来分析国民的福利。经济福利包括个人福利与社会福利。个人福利用效应来衡量，而效应可以用数值来表示，所以效应在人际间可比。而社会福利可以采取商品或收入来计量，一般国民收入可以用

来表示全社会的福利。社会福利是否增加的判断标准有两个：一是从收入水平角度，国民收入是否增加，即全体国民的福利是否得到了改善；二是从收入分配角度，国民收入分配是否公平，是否照顾了穷人的利益，也就是在全体国民福利改善的同时穷人的福利没有减少。

新福利经济学家以维弗雷多·帕累托（Vilfredo Pareto）为代表，他提出了资源配置的最优标准即现在所称的帕累托最优：在不损害其他人效应的前提下，无法使一个人的效应增加。在现实经济中，帕累托标准过于严格因此很难实现，为此卡尔多认为不改变任何人利益的社会变革是不可能的，如果这样就很难实现效率改进和社会进步，因此他提出了一个补偿准则：如果在社会变革的受益人对受害人进行补偿后还能改善收益，则该变革就是一种进步。希克斯进一步提出：如果社会变革的受益者在给予受损者以补偿后能使受损者也接受这一变化，那么这一变化就意味着社会资源配置的优化。以上标准和准则都忽略了一个问题：如果社会总财富增加但贫富差距却拉大，也会被认为是福利的改进。为此，希托夫斯基（Schtovsky）又附加了一个条件：如果一项变革比不变革更能增加社会福利，则该变革就是值得推崇的。在综合以上准则后，李特尔（Little）增加了收入分配约束标准，该标准重新确立了社会福利最大化和分配合理的准则，并回归到效率与公平并重的准则上。

现代福利经济学以肯尼斯·约瑟夫·阿罗（Kenneth J. Arrow）为代表，他认为社会由不同的人组成，且通常每个人都具有不同的选择偏好，如果两个以上的人来进行政策选择，则不可能寻找到让大多数人都满意的结果，这就是不可能性定理。由于每个人的偏好不同，因此全社会偏好序列与个人偏好序列必然存在矛盾，也就是说，社会利益与个人利益之间存在冲突。由于在信息缺乏的条件下无法对序数效应进行排序，为解决这个难题，阿玛蒂亚·森（Amartya Sen）提出了"功能－能力理论"与"部分序数理论"。即如果放宽假设条件，就可以进行效应比较。他认为个体的效应与可行能力有关：个体拥有的经济条件越好，可行能力越高；个体面临的社会机会越多，可行能力越高；个体享受的政治自由越多，可行能力越高；社会提供的防护性保障和透明性保证越强，个体的可行能力越高，所以，可行能力才是福利的本质。虽然个人对功能性活动的选择不同，但都包括健康、居住、社交、教育等状况，因此一个人的福利不仅与财富有关，还与其所处环境及个人特征有关，而且这些因素都与财富转换为福利的效率有关。基于以上分析，他将这些因素归类于个体、社会氛围、环境、家庭关系以及人际关系的差异。

2.2.3.2　公平与效率

旧福利经济学家简单地认为个人收入的增加同样也会使社会总福利增加，新福利经济学家对此持不同意见，并提出了新的效率标准：在不损害其他成员效应的前提下，也无法改善一个成员的福利。由此可见，效率与资源配置密切相关，在林业经济中同样如此。集体林权制度改革背景下，农村林地流转的过程实际上是林地资源在农户间的重新配置过程，因此，林地流转的效率取决于农户各种生产资源的配置。

福利经济学把对社会公平的认识提高到一个新的高度，但对公平的理解却有一定差异。庇古基于功利主义与边际分析，认为随着收入的提高边际效益呈递减规律，也就是相对富人来说，国民收入对穷人的效应更大。因此，社会收入分配越平均，收入增长的边际效应就越高，相应的社会福利也就越大。森基于能力公平理论，并考虑人的主观需求，以此来理解社会公平。虽然森认为无法以效益和商品的满足来评价福利，但他的核心思想与边际效益递减规律基本一致。

福利经济学认为社会经济在追求效率的同时经常忽略了公平，帕累托效率的实现可能是以社会分配的极端不公平为代价，因此，虽然市场机制可用来实现效率，但还须用分配机制来实现公平，这就需要引入政府税收与支出政策的干预。

集体林权制度改革通过把集体林权分林到户，提升了农户对林地产权的权益，提高了林地产权的社会保障作用，实现了林地分配的社会公平，但它也造成了林地细碎化和经营规模程度下降等问题，因此忽略了林业生产的经济效率。这是因为林业生产和其他社会化大生产一样，只有规模经营才能实现高效率生产。然而，集体林权制度改革使得目前的林业经营出现了细碎化问题，这不利于帕累托效率的实现。为此，应该通过林地流转来解决农户林地经营规模偏低的问题，通过林地流转来解决生产性资金投入过少的问题，通过林地流转促进外出务工来解决劳动力投入过密的问题，以此来提高林业经营的效率。但依据笔者实地调查的数据，土地流转市场发育不完善，部分制约了林地流转的规模，也就是林地流转中存在着交易成本的约束：想流入林地的农户无法流入，或流入的林地面积数量太少而难以达到规模经营的程度；有意流出林地的农户无法流出，或流出的数量不能很好地满足其要求。所有这些都影响了农户选择的自由，不利于农户资源的有效配置。

此外，虽然集体林权制度改革实现了土地分配的公平，但林地承包制下的土地分配公平与福利经济学的收入分配公平还有很大差距。林地流转是缩小还是拉大了收入差距，以及其对收入公平的影响大小都是本书第 7 章研究的重点。

2.3　文献综述

2.3.1　林业生产资源配置效率及影响因素

我国在经历分山到户、山林入社、人民公社、家庭联产承包责任制等一系列制度变革的不断改进后，集体林业仍然存在规模化程度低、投入过少、生产效率不高、经营机制不灵活等问题，为此，2003 年我国再一次开展了新一轮集体林权制度的改革，以通过提高规模经营程度、促进劳动力外出务工、增加林业投入等方式来释放集体林的生产力，增加农户收入水平。作为集体林权制度改革配套部分的主要项目之一，林地流转具有促进规模经营、提高生产力的作用(李周，2011；侯翎，2014)。随着改革的深入推进，林地流转的规模日趋增加(贺东航和肖文，2010；李怡等，2016)，从而吸引了许多学者展开了相关的研究(李兰英等，2015；孔凡斌和廖文梅，2011；柯水发和李周，2011；林琴琴等，2013；林丽梅等，2016)。根据本书研究的主旨对以上文献进行分类，可分为林业生产资源配置效率及影响因素、林地流转对劳动力配置的影响、林地流转对农户生产性资金投入水平和投入结构的影响、林地流转对农户收入水平和收入结构的影响等几部分。

2.3.1.1 农户资源配置效率

资源配置效率与生产效率有相似之处，它们都反映生产经营中的投入产出情况，但也存在较大差别。资源配置效率是指资源实际状态与最优状态之比，而生产效率是指产出与投入的对比关系(杨朔等，2013；田杰和李明坤，2014)，两者的区别如表2-2所示。

表 2-2   资源配置效率与生产效率的比较

	资源配置效率	生产效率
公式	最优投入 / 实际投入；实际产出 / 最优产出	产出量 / 投入量
范围	[0, 1]	[0, +∞]
量纲	有	无
应用	等于 1 为有效率，小于 1 表示存在效率损失	横向比较与纵向比较

一般来说，可以从产出角度或从投入角度来测量资源配置效率。前者是指在确定的投入情况下，产出可以扩张的最大程度；后者是指在确定的产出情况下，投入可以压缩的最低程度(田杰和李明坤，2014)。在实际测量时，通常运用数据包络分析(DEA)非参数模型或随机前沿分析(SFA)参数模型。

目前，学者们对林业资源配置效率的实证研究日益增多，他们关注的重点有所差异，有的聚焦于国家或省域层面的宏观研究，有的聚焦于国有林场角度，还有的聚焦于农户角度。

对于资源配置宏观层面的研究，国外学者中，有的聚焦于一国的木材产业(Salehirad & Sowlati，2006)，有的学者将研究范围扩展为全球，如 Lee(2008)以全球89家林业公司为样本，发现环境因素影响林业公司的资源配置效率，另外统计噪声也会对之产生显著影响。此外，还有学者从制度和组织管理的视角来研究林业资源配置，Robson 和 Kant (2009)发现制度与组织因素会对资源配置的效率产生较大影响。

从国内各个省区来看，林业生产要素的配置效率整体偏低，差异较小，且普遍存在一定的效率损失，但林业配置效率呈逐年上升趋势(宋长鸣和向玉林，2012)。长期投入不足制约了林业生产要素配置效率的提高，李春华等(2011)发现在31个省、自治区和直辖市中，除了天津、山西、广东和贵州这几省份以外，其他27个省份都存在林业投入不足的现象。宋长鸣和向玉林(2012)认为森林病虫鼠害频率以及基层人员的受教育水平会影响生产要素配置效率，其中前者是负面影响，而后者是正面影响。从效率较低省份来看，营林规模效益处于递增阶段，因此可通过资本、技术的投入来提高配置效率(张建刚，2012)。从空间差异上来看，林业生产要素配置效率较高的省份主要分布在我国中部地区和东南沿海地区，而林业生产要素配置效率较低的省份主要分布在我国西部；从增长速度来看，低效率省份比高效率省份要快(罗小锋等，2017)。在西部省份中，有学者以甘肃为例，分析了该省林业经营的技术效率与规模效率，发现虽然该省林业经营的技术效率较高，但规模效率较低(李京轩等，2017)。在东部省份中，刘璨(2005)研究了苏北平原地区，认为农田林网和小片林有利于提升配置效率。在南部省份，赖华卿和张忠海(2008)分析了广东省21个城市，发现即使在广东这个发达省份，林业投入也存在不足，所以在该省也应增加林业投入以提高林业配置效率。

目前对于国有林场资源配置效率的研究主要集中在东三省，其中对黑龙江林区的研究较多。刘璨(2006)发现在东北国有林区，林地面积大的林场存在报酬递减现象，而林地面积较小的林场存在规模报酬递增现象。李琳等(2012)分析了黑龙江省50个国有森工企业后，发现由于未剔除环境与随机因素，所以无论是技术效率、规模效率，还是综合配置效率都存在高估现象。杜钰玮和万志芳(2019)发现黑龙江国有林区林业产业配置处于无效状态，主要是技术效率太低，所以技术进步是制约国有林区林业产业优化转型的关键。

在农户层面，有的学者关注林地规模对资源配置效率的影响，如徐秀英等(2014)、石丽芳和王波(2016)认为林地规模越大，资源配置效率越高，因此林地规模对资源配置效率有正向促进作用，但郑逸芳等(2011)和李桦等(2015)都认为林地规模与资源配置效率之间存在负相关关系，此外，田杰和石春娜(2017)通过研究发现它们之间是倒"U"形关系。集体林权制度改革引起了林地细碎化等负面问题，因此学者们日益重视林地细碎化的影响，大多数的文献认为林地细碎化程度越高，越不利于规模化经营，它既不利于引入先进技术和设备，也不利于吸引资金投入，因此对资源配置效率有负面影响(卢华等，2016；王嫚嫚等，2017)。

2.3.1.2 农户资源配置的影响因素

由于农户经营林地的资源配置效率既关系到林业经营效率，又关系到农民的增收，所以它一直是林业经济学科关注的焦点。从现有文献来看，影响农户资源配置的因素大致可分为制度与政策、林地经营规模、林地细碎化、劳动力转移等几类因素。

（1）制度与政策。有学者从制度经济学视角来分析，认为农民的技术效率普遍较低，甚至处于停滞状态，这主要与制度有关，所以有必要进行制度变迁(刘璨,2007)。从产权角度来看,林权制度改革完善了产权制度,增加了农户的权益,使得农户在生产经营决策中拥有更多自主权,这激励了他们对林业投资的积极性，所以林权制度改革提高了农户资源配置的效率（苏时鹏等，2012）。稳定与合理的产权制度安排可以提高产权的激励作用，使农民合理地经营林地，并让农户有一个稳定的预期(高立英,2007;张海鹏和徐晋涛,2009)。在此制度下，农户可以自由地流入林地和流出林地，通过对林地经营规模进行调整来达到资源的合理配置。与以上观点不同的是，部分学者认为林权制度改革远未达政策预期，它对林业资源配置效率有负向作用，林权改革只改变了权属结构，对提高资源配置效率影响不大（郑风田和阮荣平，2009；石丽芳，2016；柯水发等，2018）。除此以外，还有学者研究了采伐限额政策的影响，由于该制度没有考虑农民的生计，所以无益于资源的优化配置（Miao & West，2004）。黄森慰等（2011）也认为森林限额采伐政策不利于林产品收益的变现，它限制了农户的权利，严重阻碍了农民营林的积极性，因此不利于增加农户的林业投入。

（2）林地经营规模。林地确权到户后林地出现了细碎化的特点，所以学者们对于林业经营规模的关注开始上升。关于林地经营规模与资源配置效率的关系，学者们存在较大争议，本书将这些研究结论梳理成以下三类：一是正向关系，即林地经营规模的扩大有利于发挥规模经济优势，因此，经营规模程度越提高，越有可能引入新的生产要素，这有利于资源配置效率的提高。由于家庭经营规模小，资源利用率低，而且难以获得林权贷款（侯一蕾等，2013；翟秋等，2013），所以为了克服小规模经营的缺点，当林地经营向大规模发展时，资源配置效率会得到有效提升（徐秀英等，2014；李晓格和徐秀英，2013；石丽芳，2016）。二是负向关系，随着林地规模的扩大，单位面积的资金投入水平和劳动投入水平都会下降，这既不利于提高林地的土地产出率，也不利于提高林业的劳动生产率，并且会降低林业资源的配置效率（郑逸芳等，2011；李桦等，2015）。三是倒 "U" 形关系，林地经营规模存在一个最优规模问题，林地经营规模面积过大会引起单位面积投入水平下降，而林地经营面积过小又不利于发挥规模经营的优势，只有在最优规模水平，农户的资源配置才能实现最优（田杰和石春娜，2017）。

（3）林地细碎化程度。集体林权制度改革虽然增加了农民权益，但也使得林地进一步细碎化（孔凡斌和廖文梅，2014；廖文梅等，2015；詹礼辉等，2016；刘晶等，2018）。由于土地承包制度改革早于林地承包制度改革，所以对于土地细碎化的研究大多聚焦于耕地。目前大多数学者认为土地细碎化不利于规模经营，它会增加农户的劳动投入成本，降低资金利用效率，也不利于引入新型机械和先进技术，所以它会提高农业生产成本，降低了资源的配置效率（黄祖辉等，2014；卢华等，2016；王嫚嫚等，2017）。但相反意见认为在农村劳动力剩余的背景下，土地细碎化有利于利用劳动力资源，提高资源配置效率和农民收入（李功奎和钟甫宁，2006；许庆等，2008）。

由于林地细碎化问题与林业的规模经营、资金投入、劳动力配置相关，所以目前它已成为学者们关注的一个焦点。在对细碎化程度进行测度后，孔凡斌和廖文梅（2013）发现在集体林区大省中，细碎化程度最高的是浙江，最低的是山东。林地细碎化对经营模式多样化和林地流转有促进作用（朱烈夫等，2017），但它会降低林业的资源配置效率，从而不利于农户增加对林业的投入（李桦等，2015）。与以上观点不同的地方是，徐秀英等（2014）认为林地细碎化程度对农户林业生产技术效率水平的影响并不显著，而孔凡斌和廖文梅（2014）在研究中发现，林地细碎化程度与农户林业投入之间是"N"形的联系。

（4）劳动力转移。林业生产由于机械化程度低、技术水平落后等原因而具有劳动密集型的特点，因此林业劳动供给的变化会对林业经营产生较大影响。随着城市工业化和城镇化水平的提高，农村中过剩的劳动力也逐渐转移至城镇的非农产业部门，这使得农民外出务工的规模越来越大。对于劳动力转移的影响，目前有两种意见：一种是劳动力的转移降低了林业劳动密集型程度，提高了劳动生产率，从而就会提高农户的资源配置效率。而且，劳动力外出务工增加了汇款收入，因此农户才有更大财力对农业进行投资，这会促进农业产出的增长（Taylor et al.，2003）。另一种意见认为劳动力向非农部门转移，从而减少了林业的劳动力投入水平，这对于劳动密集型的林业生产而言，不利于产出水平提高，因此劳动力的流失不利于农户资源配置效率的提高（张宗毅等，2014）。

（5）其他因素。在其他因素的分析中，大多数学者认为家庭人均收入、立地条件、受教育程度、培训和经营技术水平等对提高林业资源配置效率有积极影响，而外出务工对配置效率有负面影响(徐秀英等，2014；申津羽等，2015；江晓敏等，2017)。但与以上结论有所差异的是，在对农户按经营规模分组后，田杰和石春娜(2017)发现劳动力数量和人均收入对农户资源配置效率都有影响，但它们对异质性农户的影响是不同的：农户按经营规模分组后，对于很多中小经营规模的农户，它们能产生正面影响；但对于大规模经营农户，它们的影响是负面的。还有学者研究了林业保险、林业合作社、科技服务等对林业生产配置效率的影响，发现三者的影响都是正面的，其中林业保险的影响最大(杨冬梅等，2019)。随着林业生产中女性劳动参与率的提高，有学者将研究视角转入女性劳动力对林业资源配置效率的影响，发现随着女性劳动力的普及，林业生产的配置效率不仅没有降低，相反还有一定程度的提升(朱烨等，2018)。另外，李桦等(2015)认为林产品价格、路面硬化等对林业的资源配置效率有促进作用。

随着研究的深入，学者们对资源配置效率的研究已经转为对不同树种的分析(郑逸芳等，2011)。刘林等(2018)发现经营用材林农户的林业资源配置效率要高于经营竹林的农户。江晓敏等(2017)研究了油茶农户的生产情况，发现油茶亩均补贴收入与总补贴收入对农户的规模效率具有正面影响。

2.3.1.3 文献评述

数据包络分析与随机前沿分析已成为研究资源配置效率时的常用方法，它们的应用也逐渐成熟，这也为本书的研究建立了理论基础。在具体应用上，这两个模型都广泛运用于省域层面的宏观研究以及农户层面的微观研究。因此，本书对农户资源配置效率的研究也将从这两个模型中进行选择，并以此来开展对林农资源配置的研究。

在资源配置的影响因素方面，绝大多数的文献都聚焦于微观农户。从已有研究可以看出，目前影响农户资源配置效率的因素有制度、林地规模、林地细碎化程度等。新一轮集体林权制度改革使得农户的权益得到了加强，稳定了农民的预期，激励了农户的投资积极性，但由于林权改革引起了林地细碎化程度上升和林地面积过小等问题，所以从规模经济的角度，为提高资源配置效率，必须提升林地经营规模，具体的方式有合作经营、林地流转等途径(李周，2011)。所以本书将从林地流转角度研究探索其对农户的土地、劳动力和生产性资金等资源配置的作用。

2.3.2 林地流转与林地资源的优化配置

从福利经济学视角，集体林权制度改革既要追求林地分配和收入分配的公平，也要追求生产经营的效率。林地确权提升了农民对于土地的权益，实现了资源分配的公平，但林地细碎化的问题降低了规模经营程度，这不利于林业资源配置效率的提升。为此，政府在配套改革中出台了支持林地流转的政策，该政策有利于通过市场机制来提高资源配置效率，从而提高林业经营绩效。帕累托效率是指在不损害任何一方利益的前提下，把效率提到最高时的效率。集体林权制度深入改革的目标就是促进林业资源的优化配置，实现帕累托最优，而如何确定优化配置的标准，学者们有不同的观点。有的学者从成本的角度提出衡量的标准，即最低生产成本与实际成本的比例，或者实际成本与最低成本的比例；还有学者从产出的角度提出了衡量标准，这就是实际产出与最大产出的比率。本书用实际产出与最大产出之比来测量林业资源的配置效率，这个比值越大，林业经营的效率损失就越小，资源配置也就越接近帕累托最优状态；与之相反的是，这个比值越小，林业经营的效率损失就越大，资源配置效率与帕累托效率的差距就会越大。

2.3.2.1 林地资源的优化配置

关于土地流转对资源配置的影响，学者们做了大量研究，其中大多数文献是关于农地流转的，而林地流转对资源配置影响的文献较少。政府鼓励土地流转的初衷是促进土地资源的优化配置，那么土地流转是否实现了这个目标，学者们还存在较大的争议。部分学者认为土地流转提升了规模经营水平，改善了劳动力资源在外出务工和林业劳动之间的优化配置，也吸引了更多资金的投入，因此土地流转提升了农业资源的配置效率(许庆等，2008；郜亮亮等，2011；陈海磊等，2014)。由于中国人多地少，通过土地流转的边际产出拉平效应可以促进土地的优化配置，所以土地流转是农业转型发展的关键(姚洋，2000)。一般来说，边际产出较高的农户农业生产能力也较高，它们对土地的效应评价较高，因此流入土地的需求较大，而边际产出较低的农户农业生产能力也较低，他们一般都是土地流转的供应方。因此，在边际产出拉平效应的影响下，土地由生产劳动能力较低的农户流向生产劳动能力较高的农户手中，在此过程中，土地资源得到了优化配置(Deininger & Jin，2005；章奇等，2007；Jin & Deninger，2009；史常亮等，2016)。当土地流转时，一方面提升了转出方的资源配置效率，另一方面提升了转入方的资源配置效率，因此会使土地、资金和劳动力资源配置得到全面改善。学者们认为土地与农户间存在错配现象，Chen 和 Restuccia (2017)分析了埃塞俄比亚的土地流转现象后发现，土地流转通过不断减少土地错配的现象从而促进农业生产率的不断发展进步。Restuccia 等(2017)认为马拉维农户经营的土地数量与其生产率并不相关，如果能有效配置土地，则当地的农业全要素生产率能成倍提高。

也有学者认为，土地流转没有遵循效率原则，土地流转有可能会降低土地配置效率(陈训波等，2011)。由于与其他行业相比，农业的比较效益低，所以农业生产能力较高的农户会选择退出，而较低能力的农户只能选择滞留在农业，这样，在高能力农户退出农业后，土地有可能流向低能力农户，低能力农户配置资源的能力有限，甚至还可能会造成土地资源的浪费，因此不利于资源的合理优化配置(李承政等，2015；何欣等，2016)。除此之外，土地流转是否促进了配置效率提升，不能一概而论，它还与市场发育成熟度、效率指标有关。在市场发育程度对配置效率的影响方面，朱建军等(2011)在比较甘肃与浙江的数据后，发现在浙江由于市场发育较为成熟，交易成本较低，在流入土地后，土地转入户的生产率明显变高，因此获益相对大；甘肃由于市场不成熟，交易成本高，在转入土地后，转入户的生产率并没有显著提升，因此获益较小。在效率指标方面，李力东(2017)认为土地流转会提升劳动生产率，而对土地生产率的影响不明显。陈训波等(2011)的研究说明土地流转会促进劳动力的转移，这会降低林业劳动的密集程度，从而提升了劳动生产率，但土地流转降低了其他要素的供给水平，因此会对土地生产率有负面影响。

目前农户的林业生产资源配置效率普遍较低，从细分类别来看，参与流转农户的经营效率要高于未参与流转的农户(王翊嘉等，2019)，詹礼辉等(2016)研究发现林地流转对纯技术效率有积极影响，但由于林地流转规模较小，还无法实现规模经济，发挥规模经营优势，所以林地流转对林业经营的规模效率无明显的作用。张自强等(2017)基于广东、广西、安徽和浙江的数据，研究发现林地流转并未显著提升林业经营效率。

2.3.2.2　文献评述

关于土地流转对林地优化配置的影响，现在学者们也没有形成统一的结论，有的认为有积极影响，有的认为是消极影响。由于存在"边际产出拉平效应"，所以为研究该问题，本书将首先测度农户的林业生产能力。一般来说，生产能力高的林农会转入林地，而生产能力低的林农会转出林地。因此，本书运用双变量 Probit 模型来检验生产能力高的农户转入林地的概率是否也高，同时还运用双变量 Tobit 模型来检验生产能力高的农户转入林地的数量是否也多。为检验结果的稳健性，本书采取代理变量回归、按经营树种回归、分地区回归、更换计量模型等方法。

2.3.3　林地流转与农户劳动力资源配置

农户的劳动力资源配置主要包括两个方面，一方面是劳动力外出务工，主要包括外出务工数量和外出务工占比；另一方面是留守人员的林业劳动供给量。由于直接分析林地流转行为对劳动力配置的影响容易忽略两者之间的内生性问题，因此本书拟从林地流转市场发育方面来探究其对劳动力配置的影响。

2.3.3.1 劳动力资源的优化配置

在学者们探索土地流转对劳动力配置的作用时，他们大多都基于产权理论视角，认为林地流转强化了农户的林地产权权益，这会对劳动力配置有重要影响。集体林权制度改革强化了产权的完整性，提高了农户经营决策的自主性，从而激励了更多农户通过林地流转来优化家庭劳动力资源的配置。张笑寒和黄贤金(2003)认为由于土地流转市场落后问题导致交易成本过高，这将会对农业剩余劳动力的转移形成制约，从而进一步阻碍剩余劳动力向非农产业的转移。对于没有外出务工的农户而言，土地对农户有社会保障的作用(姚洋，2004)。金松青和 Deininger (2004)认为发展土地租赁市场有利于潜在的土地转出方将土地租出，通过增加外出务工的投入从而增加劳动力转移的需求。总体来看，学者们都比较认同土地流转有利于劳动力转移的论点，认为土地流转会释放更多的人口红利(孟令国和余水燕，2014)。张永丽和梁顺强(2018)测算了甘肃省土地流转与劳动力流动规模的关系，发现土地流转面积每增加100亩，这就会引起农村劳动力流动人数增加到11人，因此土地流转对劳动力的转移调整有积极的影响。刘颖和南志标(2019)认为农地流转有利于劳动力的专业化分工，从而提高劳动力的利用效率。从女性劳动力的角度来看，参与土地流转有利于降低土地对农村拥有配偶的女性劳动力的束缚，从而促进女性劳动力转移的概率和增加外出务工的机会(张会萍等，2015)。

和以上研究相反的是，另外一些学者主要研究劳动力转移对土地流转的影响，一些学者认为劳动力转移会对土地流转产生重要影响。由于非农工作的比较收益高，而且就业时间长，所以非农就业会推动土地流转(张璋和周海川，2017)。进一步深入研究发现，非农就业机会对土地转出与转入的作用是不同的，非农就业机会增多对土地的生计依赖程度就变小，这会促进农户土地转出，而基于同样的道理，非农就业增加不利于土地转入(钟甫宁和纪月清，

2009；陈飞和翟伟娟，2015；肖慧婷等，2019）。在分析林地流转时，张寒等（2018）认为非农就业会显著抑制林地流入，由于林地流转契约的长期性以及林地的社会保障功能，非农就业降低了农户对林地流出的需求，所以非农就业对林地流出没有显著影响。针对现实中非农就业率高但土地流转率低的现象，许庆和陆钰凤（2018）梳理了非农就业对土地流转的影响机制，他们认为由于非农就业会削弱土地的社会保障功能，所以会促进土地流转，但如果忽略非农就业的稳定性问题，就会高估非农就业对林地流转规模大小的影响。此外，劳动力转移对林地流转的作用要视客观情形而言，要考虑现实中剩余劳动力规模和农户兼业的情况。由于农村拥有许多剩余劳动力，劳动力转移并不会显著改善农村劳动力过剩的现象，因此它对林地流入与林地流出的作用并不明显（王成军等，2012）。苏群等（2016）认为由于有农民兼业行为，所以农业经营收入占家庭收入的比率会下降，农户对土地的依赖也会下降，所以非农就业未必导致土地流转。马会与吴云勇（2015）将农村劳动力转移与土地流转间的联系分为强势推进、半强势推进和弱势推进三种状态，在这三种状态下，劳动力转移对土地流转的作用是依次下降的。上述文献说明非农就业与土地流转之间的效应还存在不少的争议，非农就业与土地流转之间的关系还需要借助大样本数据来进行分析（洪炜杰等，2016）。

以上分析说明土地流转可以影响非农就业，非农就业也可以影响土地流转，因此两者之间存在双向因果关系，所以存在内生性问题（Feng & Heerink，2008；游和远和吴次芳，2010；许恒周和郭玉燕，2011；钱龙和洪名勇，2016）。在研究林地流转与非农就业的关系时，也存在相同问题（徐秀英等，2010；柯水发和李周，2011；许凯和张升，2015）。王成军等（2012）在分析劳动力转移与林地流转时就对该内生性问题进行了控制，但其研究只考虑了是否流转的定性信息，而忽略了流转面积的定量信息。此外，在分析非农就业与土地流转之间的关系时，学者们运用的方法也不尽相同，有的分析土地流转的规模，有的分析土地流转的概率，还有的引入了工具变量。张璋和周海川（2017）

在分析非农就业对土地流转的影响时运用了 Logit 模型。张寒等(2018)分别运用了 IV-Tobit 模型和多方程系统 Tobit 模型来分析非农就业对林地流转的影响。肖慧婷等(2019)在分析劳动力外出务工对林地流转的影响时运用了 IV-Probit 模型。以上文献说明，大多数学者都考虑了非农就业的内生性问题，所以，为控制非农就业的内生性，本书也将引入工具变量，以更好地研究林地流转对农户资源配置的影响。

2.3.3.2　文献评述

综上所述，由于农地流转早于林地流转，而且农地流转规模大于林地流转规模，所以目前的文献主要是研究农地流转与非农就业的关系，而研究林地流转与劳动力配置的文献较少。在研究土地流转与非农就业的关系时，大多数文献都是简单地分析土地流入或土地流出对非农就业的影响，而忽略了交易成本的影响，也就是忽略了土地流转市场成熟度这个因素。目前对交易成本的衡量有农户流转参与率、土地流转配给指数、有偿流转比例、土地流转成本指数等。为解决该问题，本书将引入土地流转规模指数和土地流转成本指数作为核心解释变量，同时将引入林地流转限制这个工具变量来控制内生性的影响。

此外，从变量关系来看，现有文献大多是研究土地流转与外出务工或农业劳动供给时间的关系。但本书认为，这些变量没有全面反映农户劳动力配置的情况。随着城镇化和工业化程度越来越高，农民外出务工现象越来越多，因此现有农村的农业生产出现了老龄化、女性化的现象，为了追踪这些变化，本书也将老年人口和女性劳动力作为被解释变量来进行分析。另外，为更加深入分析林业劳动力配置情况，本书还将加入林业劳动力供给这个因变量。

2.3.4　林地流转与农户生产性资金配置

投入是产出的出发点，只有不断投入，才能弥补林业长期投资不足的缺口，从而引入新的生产要素，提高土地生产率。只有持续投入，才能有效避免风险，形成林业的稳定产出。集体林权制度改革后，农民对林地的权益不断增强，在此基础上，农民可以自由配置资源，这激发了农户对林业经营的信心，因此农户的生产性投入有了明显增加。

2.3.4.1 林地流转与农户生产性资金投入

对于农户林业投资影响因素的分析，国外学者们比较关注产权完整性和政策的激励作用，国内学者们比较关注市场因素和资源禀赋等因素的影响。

国外学者认为，影响农户投资决策的因素既包括主观认知（Ajzen，1991），也包括外部因素（Xie et al.，2014）。此外，他们都普遍都比较关注林地产权的完整性、安全性对农户林业投资的影响，认为林地产权越完整，以及林地产权安全性程度越大，农户的投入程度也会越大（Besley，1993；Qin & Xu，2013）。Yin 等（2013）认为集体林改政策增加了农民自主决策的自主性，因而激发了农户的热情，并促进了他们的资金投入。此外，新的林业扶持政策制度会通过降低交易成本、增强投资能力等方式来激励农户进行更多的林业投入。扶持林业的金融政策可以有效促进林业的资金投入（Dubey，2008）。在林地特征方面，Zhang（2001）基本认同土壤条件、林地肥力、地理位置与基础设施都会对农户的造林投入有重要影响。

国内学者的研究，一般从政策、市场、规模、林种、地理特征等方面来进行分析。林地确权后，林地细碎化程度上升，林地的分散经营成为林业生产的主要特征(高立英，2007；孔凡斌和廖文梅，2013)，在这种经营模式下，为了获取最大收益，农户必然会加大各项资源的投入，从而提升林业的投资水平(郑风田和阮荣平，2009；吉登艳，2015)，但孔凡斌和廖文梅(2012)提出林地细碎化程度不能超过某一限度，否则会对农户投资产生负面影响。新一轮集体林权制度改革包括主体与配套两部分，如今主体部分已基本完成，而配套部分正成为现今改革的重要方向。通过研究集体林权制度主体改革的影响，朱文清和张莉琴(2018)发现林地确权对造林投入有积极影响，而且与小规模农户相比，确权对大规模农户的影响更大。杨扬等(2018)发现改革对农户种植和抚育环节的投入有正面影响，而采伐指标申请难易程度对这两个投入环节的影响不显著。在研究配套政策对农户投入的影响时，曹兰芳等(2015)发现配套政策对异质性农户的影响存在差异。此外，林权抵押贷款可以给农户以融资便利，因此对农户的林业投入具有激励作用(徐婷婷和李桦，2016)，造林与抚育补贴会刺激农户在营林各阶段的投入(舒斌等，2017)。

在市场因素方面，黄安胜等(2008)认为成本和收益是影响农户投资的主要因素，内外部约束是次要因素。冷小黑(2010)认为市场环境会影响农户的林业资金投入，政策也会影响林业资金投入，而且两者共同发生作用。于艳丽等(2017)研究认为市场价格是个重要的激励因素，因此木材价格、林地流转价格对农户的林地投资有正向影响。在经营规模方面，陈躬林和严思屏(2003)认为土地规模小和农业比较收益低是制约农户投资的主要因素。在边际收益递减规律的作用下，林地面积会负面影响单位林地面积的投入(林伊宸等，2018)。除了林地规模外，家庭收入水平和投资资金获取的难易程度都会影响农户营林的投资意愿(罗金和张广胜，2011)。在林种方面，林种不同，林农的投入水平也会不同，一般来说，农户倾向于投资市场效益好的林种(张俊清和吕杰，2008)。刘小强和王立群(2010)结合八大林改省份的数据发现，林权改革后，农户对林地的资金投入有了明显增加，其中，按林种来看，用材林的资金投入更加明显。在地理条件方面，林地的坡向、坡度和地形的起伏度会影响农户的资金投入，而且林地距主干道距离也会对农户的资金供给产生一定作用(孔凡斌和廖文梅，2014)。

林地流转对农户生产性资金的投资规模和投资结构有何作用？由于土地流转具有"边际产出拉平效应"(Carter，2002；姚洋，2004)，边际产出高的农户生产能力也高，边际产出低的农户生产能力也低，边际产出拉平效应会使得土地从生产效率较低的农户向生产效率较高的农户手中集中，这就会实现帕累托改进，土地的生产效率自然就会提高(冒佩华等，2015)。因此在利益机制的驱动下，转入户会增加土地的投入以提高收益，而转出户会减少土地的投入以转移至其他领域。此外，土地流转还具有交易效应，土地的自由流通会减少土地流转的交易成本从而扩大农户的交易收益，土地流转越多，交易收益越大，因此农户会在收益预期下增加对土地的投入。林地流转的规模经济效益提升了林业经营的规模化程度，规模化程度的上升有利于科技进步和资本积累，从而有助于提高林业的劳动生产率(孔凡斌和杜丽，2008；徐婷婷和李桦，2016)。徐秀英等(2013)在研究中发现流转户在单位面积林地上的投入大于非流转户，林地流转对经济林地块的投入有显著作用，而对竹林地块投入的影响不显著。根据土地流转的来源不同，可分为亲戚与非亲戚两类土地，农户对这两种不同来源的土地的投入存在差异(陈和午和聂斌，2006；定光平和张安录，2008；罗必良，2017)。此外，还有研究表明，农户对于转入地与自家地的有机肥投入存在差异，相较于转入的土地而言，农户更乐意在自家土地上施入有机肥(郜亮亮和黄季焜，2011)。

2.3.4.2　文献评述

从以上文献来看，学者们大多从制度、资源禀赋、地理条件等方面来研究农户生产性资金投入的影响因素，对于林地流转与资金投入关系的研究不仅较少而且不够深入。农户的资金投入方向一般有种苗、肥料、机械等，而现有文献一般只分析各因素对化肥和有机肥等流动性投资的影响，而关于林业机械设备和其他固定资产的研究不多。因此，本书在分析林地流转的影响时，将全面分析林地流转对流动性资产投入和固定性资产投入的影响。

在研究土地流转对村民生产性投入的影响时，大多数学者运用了 Logistic 模型或者 Tobit 模型。学者们把农户投入资金的概率和投入资金的数量视为两个独立的事情，而实际上，这是同一个主体先后决策的两个阶段，两者存在一定的联系，因此，为克服此缺陷，本书将运用 Double-Hurdle 模型，它实质是一个 Probit 模型和一个 Truncated 模型的组合。

2.3.5 林地流转与农户收入的关系

在与农户收入关系的研究方面，农业土地的研究明显比林业用地的研究要丰富很多，所以本书借鉴土地流转的研究文献。土地流转重新配置了农户的土地资源，提高了土地规模经营的程度，因此也将最大限度地实现土地的增收（史常亮等，2017）。从宏观角度而言，土地流转有利于提高土地的利用效率，有利于解决"三农"问题（刘涛等，2008）。从微观角度而言，土地流转可以优化资源配置和增加农民收入（薛凤蕊等，2011；金丽馥和冉双全，2012）。土地流转与农户收入到底是怎样的因果关系？秦山平等（2012）的研究说明农户收入对土地流转影响不显著，但土地流转却对农户收入有积极促进作用，因此土地流转是因，而农户收入是果。总体而言，学者们比较认可土地流转有正的收入效应，土地流转可以一定程度上促进农户收入的增长。徐玉婷等（2016）基于中部5个省份的农户调研数据，发现土地流入面积与农业收入呈正向关系。在将农户数据扩大到17个省份后，王春超（2011）的研究进一步证实了土地流转会产生正的收入效应。Jin 和 Jayne（2013）基于肯尼亚的数据进行研究后发现转入土地既增加了农户人均农业收入（25.1%），也增加了人均总收入（6.6%），前者几乎为后者的4倍。

2.3.5.1 林地流转与农户收入增长

在研究土地流转对村民收入的影响时，针对样本进行分类比较是一个比较合理的方法，也就是说，既要对农户进行参与农户和未参与农户的分组比较，也要进行转入农户和转出农户的比较。此外，农户收入包括农业收入与非农收入，土地流转也有多种形式，如果细分样本就可以得到更加精确的结论。

根据参与土地流转的情况，农户可分为参与农户和未参与农户。薛凤蕊等（2011）在对这两组农户进行比较分析后发现，林地流转促进了农户收入的增长。李中（2013）在进一步深入研究后发现，参与土地流转的农户的人均收入，无论是来自农业经营，还是来自于务工，或者来自于土地出租，在流转后都有了明显提高，这与薛凤蕊等(2011)的结论一致。土地流转对于转入方与转出方的收入影响是怎样的？对此，胡初枝等(2008)、钱忠好和王兴稳(2016)认为土地流转既会促进转入农户的收入，也会促进转出农户的收入。Jin 和 Deininger (2009)基于中国9个农业大省8 000个样本农户的数据研究后发现，土地流转对转出户收入的影响更大。

农户家庭财产收入由农业收入和非农收入两部分组成，土地流转对于它们的影响是怎样的，学者们也对此进行了深入研究。在研究广东的土地流转数据后，许东鹏和葛孚桥(2013)发现土地流转对农民纯收入有积极影响，其中对非农收入的影响更大。在研究甘肃省青城镇的农户数据后，滕海峰(2013)发现土地流转正面影响农业收入，但会负面影响非农收入。此外，土地流转的类型有很多种，哪种类型的绩效更好？对此，岳意定和刘莉君(2010)研究后认为它们都会产生正的经济绩效，但股份制合作的效果最好。

土地流转通过怎样的机制来增加农户收入？一般而言，土地流转会提高农业经营的规模，这有利于提高劳动产出率，有利于优化农业种植结构，从而增加农民收入(邓霞和罗翔，2006)。此外，土地流转会促进劳动力分工，还会通过引入新的生产要素，如新技术、新组织等来释放农业生产潜力，从而增加农民收入(杨涛和朱博文，2002)。而且，由于土地分田到户引起的土地细碎化问题，以及由于外出务工引起的撂荒问题，都可以通过土地流转来有效解决，从而促进农业经营规模调整，增加农民的经营性收入(冯玲玲等，2008)。农村土地流转必然会使得土地越来越集中，不仅有助于引进新的生产要素，还有助于吸引外部资金的进入，从而提高农民收入水平的增长。土地流转通过市场机制来突破传统的农业局限，可以增加科技投入以及促进集约化经营来释放农业生产潜力，从而提高土地的经济价值(汪建红和曹建华，2006)。除此以外，土地流转还有利于促进新型农村经济组织的形成与壮大，吸引工商资本的进入，从而促进新型组织的专业化与规模化水平，增加农民收入(刘鸿渊和陈怡男，2010)。土地流转制度的变迁以及新的中介组织对于增加农户收入也有较大作用，余小英和王成璋(2014)研究了制度变迁与中介组织的作用，发现在引入中介组织后，农户的流转收益会进一步增加。此外，左孝凡等(2018)认为林地流转对收入有正的效应，因此它对于农村贫困人口的脱贫具有重要意义。

虽然多数学者研究认为土地流转对农户收入有正面影响，但也有少数学者持反对意见(Chamberlin et al., 2016)。土地流转后，大多数农户对农业收入的依赖程度下降，因此土地流转不利于种植业收入的增长(徐志刚等，2017)，也对农户总收入产生了负面影响。姜松和王钊(2012)研究了重庆市的数据，发现农地流转会负面影响农民收入。还有部分学者认为土地流转对农民增收的作用较小(李丽明和吴一平，2015)。崔会(2013)发现农民收入在土地流转前后没有显著变化，因此他认为土地流转还没有实现农户增收的政策目标。

2.3.5.2　林地流转与农户收入分配

中国农民收入不仅低，而且收入不平等现象还很严重，这在西部地区尤为明显(邢鹂等，2009)，所以研究土地流转对于农户收入的影响，除了应考虑它的收入水平效应，还应考虑它对收入分配的影响。

目前学者们在这一方面的观点还不太一致，多数观点认为土地流转会加大农村收入差距，农户在流出土地后失去了生产资源，这会加大农户之间的贫富差距，因此土地流转对农户的收入分配有不利影响(林乐芬和王军，2010)。田传浩(2008)基于江苏、浙江、山东三省的数据，认为由于低收入农户受财力的约束而无法流入更多土地，所以土地流转会扩大农户收入的不平等。朱建军和胡建连(2015)研究发现，与流转前相比，流转后农户间的基尼系数变大了，这个研究说明土地流转加剧了农户的收入不平等，因此土地流转对村民的收入分配有不利作用。肖龙铎和张兵(2017)基于江苏省的村级面板数据进行研究，发现土地流转对村庄基尼系数的上升有推动作用。虽然运用基尼系数能较好分析农村收入分配的差距，但它无法反映土地流转对农村不同收入阶层的影响，也就是无法比较土地流转对高、中、低收入群体的作用大小。为此，朱建军和舒帮荣(2012)运用了分位数回归方法，发现土地流转对高收入群体更有利，而对低收入农户不利，这说明土地流转恶化了农村收入分配不平等状况。史常亮等(2017)运用分位数处理效应模型后发现土地流转对不同收入阶层的农户都有正的收入效应，但对高收入农户的影响更大，而低收入农户从中受益程度较小。

有部分学者在考虑了地区差异、转入户与转出户差异、收入水平差异等因素后，得出了不一样的结论。韩菡和钟甫宁(2011)考虑了发达地区与欠发达地区的差异，在研究浙江和安徽两省数据后发现，农地流转会加大发达地区农户的收入差距，改善欠发达地区农户的收入分配。高欣等(2016)在研究中发现农地流转对土地流入户和土地流出户的影响各不相同。

2.3.5.3 文献评述

土地流转会影响农户收入，也会影响农户收入结构，还会对农户的收入分配产生诸多影响。纵观以上文献，大多数学者都只是简单分析土地流转对农户收入的影响，而没有考虑土地流转对农业收入、非农收入和家庭收入等三个不同收入的影响，因此，本书的研究将考虑这一点，以深入研究林地流转与农户收入两者之间的关系。除此之外，土地流转对农户收入的影响还可以分为收入增长和收入分配两个方面，而以上文献一般只侧重于分析其中的某个方面，因此本书将补全其不足之处。

在研究方法上，学者们先后运用了网络层次分析法(岳意定和刘莉君，2010)、Tobit 模型(韩菡和钟甫宁，2011)、双重差分 DID 模型(薛凤蕊等，2011；李中，2013)、SLS 模型(王春超，2011)、索罗余量(冯楠和周昭雄，2014)、倾向得分匹配法(朱建军和胡建连，2015)、混合数据 Ologit 模型(钱忠好和王兴稳，2016)。以上模型与研究各有优劣。与这些方法不同的是，本书将结合研究目的，分别选用固定效应模型和分位数回归模型来研究林地流转对于农户收入的影响。

2.4　理论分析框架

综合以上理论基础和文献综述，本书构建了林地流转—资源配置—农户收入的理论框架，具体如图2-1所示。

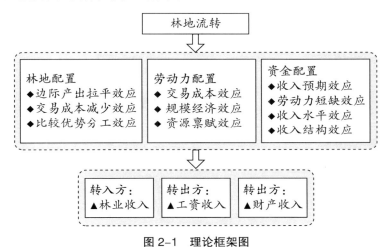

图 2-1　理论框架图

从图2-1所示的理论分析框架可以看出，本书以林地流转作为核心解释变量，分析其对农户资源配置的影响。农户的资源配置包括林地资源配置、劳动力资源配置和生产性资金配置，因此本书的分析也从这三个方面进行展开。

林地流转影响林地资源配置的机制有三个，它们分别为边际产出拉平效应、交易成本减少效应和比较优势分工效应，这三个机制促使林地在资源禀赋不同的农户间进行流转，从而改变农户的林地配置状态。林地流转通过交易成本效应、规模经济效应和资源禀赋效应影响农户的劳动力配置，并改变农户劳动力的外出务工和林业劳动供给量。林地流转还通过收入预期效应、劳动力短缺效应、收入水平效应和收入结构效应改变农户的林业生产性资金投入，并相应地改变农户的资金投入结构。

林地流转的这些影响机制都必然会改变农户的林地、劳动力和资金等生产要素配置状态，而这些改变又会引起农户林业经营收入、外出务工工资收入和林地流出租金收入的变化。这种变化不仅体现在收入水平的变化上，还体现在收入分配的变化上。本书核心章节的分析将遵循该理论框架，并通过运用各种实证模型，力求获得林地流转影响农户资源配置和收入的全面而客观的结论。

第3章 农户林地流转行为与资源配置现状分析

集体林权制度改革的推进为全国林业的发展提供了契机，林地流转作为其中配套改革的重点，本书将考察其在农户资源配置中的重要作用。它如何影响农户对林地、劳动力和资金的配置？它是否促进了农户收入的增长？为了解这些问题，有必要对农户林地流转情况和生产经营情况进行调查。

3.1 引言

本书基于湖南、江西和福建三个省份集体林区的调查，分析农户林地流转、劳动力资源配置、生产性资金资源配置和林业收入的现状，为后文的计量分析建立基础。这三个省份2018年的森林覆盖率都在全国平均水平（21.66%）之上，其中，福建省为65.95%，江西省为63.1%，湖南省为59.57%，而且福建和江西早在2003年就进行了林改试点，并取得了一定的改革成效和经验。

本书数据来源于国家林业局林业软科学课题"林改跟踪监测暨林业社会化服务体系建设专题研究"（2015-R08-4），同时，本书调研还得到了国家林业局2014年林业重大问题调研课题（ZDWT201415）的支持。为掌握农户的基本情况和调查问卷的实际可操作性，课题研究团队在正式调查前，先进行了一次预调研，在取得前期成果后，返回并修改问卷，以保证数据的可得性。调查采取分层抽样的方法，在湖南省选取了衡阳、茶陵、凤凰、慈利、平江等5个县，在江西省选取了莲花、永新、井冈山、万安、遂川等5个县，在福建选取了南靖、平和、漳浦、长泰、华安等5个县作为调查区域，通过细化样本，再在每个县随机选取5个村，每村随机抽取20户农户，共组成1 500户农户样本，然后对样本户进行问卷调查。调查问卷主要是了解林地流转基本情况、农户的相关信息以及近年来的生产经营状况等。每次调研均发放问卷1 500份，根据问卷的作答情况，在剔除数据缺失或前后逻辑不一致的问卷后，确认有效样本1 395户，有效率93%，每个样本取得了自2014至2018年5个年度的观测值。

依据上述调查方法进行实地调查后，笔者对调查问卷进行整理，然后从林地流转概况、农户家庭特征、农户资源配置状况等方面来对数据进行分析。

3.2 林地流转情况

农户自发进行的内部土地流转交易是本节研究的重点，主要包括林地流出与林地流入两种交易方式。表3-1是对1 395个样本农户家庭参与林地流转情况进行的统计。数据表明，共有205户样本农户家庭参与了这种自发的林地流转，占全部样本农户总数的14.7%。可见，这种自发行为并不流行。其中，有128户家庭转入了林地，占9.18%；有84户家庭转出了林地，占6.02%；此外，有7户家庭同时进行林地的转入与转出，占0.5%。从总体看，有约1/7的农户参与了林地流转，其余6/7的农户未进入林地流转市场，这反映了我国林地流转市场的现状：市场的活跃程度较低，市场成交量较少。

从表3-1的数据可以发现，本书调研的林地流转参与率总体偏低，此数据低于其他学者(徐秀英等，2013；林丽梅等，2016)的调研结果。究其原因，可能是林地流转发生频率有较强的区域集聚性，其他学者在林地流转活跃的区域进行调研，而本书调研范围较广，其中包括了一些交易不活跃的地区，所以林地流转的参与率低。

表 3-1　参与林地流转的农户频数分布

	样本数	占比
转入林地农户	128	9.18%
转出林地农户	84	6.02%
既有转入也有转出农户	7	0.5%
未流转农户	1 190	85.3%
合计	1 395	100%

3.2.1　林地流转规模

虽然有越来越多的农户家庭开始脱离农业并选择转出林地，但大多数农户仅流出一小部分林地。从表 3-2 的数据可以发现：参与林地转入的农户平均每户转入林地面积为 75.22 亩，最大转入面积高达 300 亩，而参与林地转出的农户平均每户转出林地面积为 23.5 亩，最大转出林地面积仅为 95 亩。就户均流转林地规模而言，户均转入林地的规模相对较大，而转出林地的规模相对较小。另外，从平均流转规模来看，林地转入的标准差远大于林地转出的标准差，这是因为对于转出林地的农户而言，若选择转出林地，其数量的调整幅度是十分有限的；而对于林地的转入方，该农户可从多个转出方手中获得林地，其数量的调整幅度相对较大。

表 3-2　林地流转规模

	最小值	最大值	平均值	标准差
户均流入林地面积 / 亩	1	300	75.22	97.63
户均流出林地面积 / 亩	0.2	95	23.50	22.41

注：本部分统计的是实际参与流转农户的土地流转面积，而非全部样本农户。

3.2.2 林地流转期限与流转价格

林地流转的交易包括价格与期限几个关键因素，从调查问卷的统计来看，林地流转平均流转期限为28.25年，整体以中长期流转为主；林地流入和流出的平均流转价格仅为46.52元／(亩·年)，相对较低。从交易价格来看，林地流转价格因林种不同而存在差异，具体数据如表3-3所示。

表3-3　林地流转价格

单位：户

林种	0~1元	1~50元	50~100元	100~200元	200元以上	合计
用材林	26	82	10	4	4	126
经济林	19	26	6	8	9	68
其他	2	9	0	0	0	11
合计	47	117	16	12	13	205

根据表3-3的数据，我们可以得出这样的结论：用材林和经济林是林地流转中较为常见的林种，参与用材林流转的农户数量高达126户，占参与林地流转农户总体的61.46%，超过一半水平；其次为经济林流转农户，有68户，占比为33.17%。此外，无论是用材林还是经济林，它们的流转价格都主要分布在1~50元／(亩·年)这个区间，占比为57.07%，反映目前的林地流转价格普遍偏低，林地价值还没有充分挖掘。林地流转价格分布较多的第二区间在0~1之间，占比为22.93%，在此区间，许多林地基本属于免费流转，这说明仍有相当一部分林地是在亲属与熟人之间流转，因此基本不对转让租金收费。

从林种来看，在1~50元／(亩·年)这个流转价格水平，用材林的占比为65.08%，而经济林的占比为38.24%，这就说明用材林的价格差异比经济林的差异要小。

用材林、经济林和其他林种的林地流转期限也有所区别，具体差异如表3-4所示。

表 3-4　林地流转期限　　　　　　　　　　　　　　　单位：户

林种	10 年以下	10~30 年	30~50 年	50 年以上	合计
用材林	7	81	32	6	126
经济林	10	28	21	9	68
其他	0	5	3	3	11
合计	17	114	56	18	205

从表3-4可以看出，大多数林地流转的期限都是在10~30年这个区间内，该区间的数量占总体比重为55.61%，这表明林地流入和林地流出的期限都是以中长期为主。数量占比为27.31%的30~50年这个区间，则是林地流转期限集中分布的第二个区间，这说明期限在30~50年之间的林地流转交易虽然不及10~30年之间的多，但也不在少数。此外，10年以下和50年以上这两个区间的分布数量比较接近，但总体占比都不高。

从林种来看，用材林流转期限超过一半都分布在10~30年之间，而经济林流转期限在10~30年和30~50年这两个区间的分布比较接近，说明用材林的流转期限比经济林分布更为集中。

3.2.3　林地流转方式与流转对象

截至2018年，参与调查的1 395个样本农户通过林地流入和林地流出总共流转林地的数量为9 110.56亩，具体数据如表3-5所示。有多种形式进行林地流转，其中占比最大的是出租，有约4 110.68亩；转包和转让的占比比较接近。互换林地面积69.24亩，总体占比最低，仅为0.76%。

从林地的流向可以看出参与林地流转的主体。表3-6中的数据显示，3.23%的林地流转给了工商企业，6.58%的林地流转给了林业合作社，14.48%的林地流转到了外村农户，而75.71%的林地被转包给了本村农户。这表明林地流转主要发生在本村农户之间，以非正式流转与自发性流转为主。这是由于林地流转交易发生在本村农户之间，能在一定程度上避免林地用途被改变或地力被破坏。

表 3-5　流转方式比较

流转林地	出租	转包	转让	入股	互换	其他
面积/亩	4 110.68	1 402.12	1 483.20	1 254.52	69.24	790.80
占比	45.12%	15.39%	16.28%	13.77%	0.76%	8.68%

表 3-6　林地流转对象

转出林地	流转对象			
	工商企业	林业合作社	本村农户	外村农户
面积/亩	56.17	114.42	1 316.60	251.81
占比	3.23%	6.58%	75.71%	14.48%

此外，农民专业合作社(林业合作社)、工商企业(家具企业、木材企业、育苗企业等)等经营主体也逐步参与林地流转活动。在已经发生的林地流转中，有9.81%的林地被转包给了这些经营主体，其中3.23%的林地被转包给了工商企业，6.58%的林地被转包给了林业合作社。工商企业、农民专业合作组织大多采用反租倒包与整村租赁等方式进行林地流转，相对于本村农户之间的小规模流转而言，其流转的林地数量巨大且日益增加，因此农民专业合作社与工商企业对林地流转市场产生的影响也是不可忽视的。

3.2.4　林地流转区域差异

不同的林地流转区域中皆存在着林地流转市场的发育程度差异化和林地流转规模不平衡化的现象。本书将被调查农户按省域进行划分，以此来比较湖南、江西和福建三省样本农户在林地流转方面的差异。分析发现，与湖南和江西相比，福建省农户参与林地流转的比例更高、林地流转规模更大，流转市场相对更为活跃，具体数据如表3-7所示。

表 3-7　林地流转省域差异

项目	湖南	江西	福建
参与林地流转的农户比例	9.09%	15.05%	22.32%
1.　林地流入			
林地流入的农户比例	5.28%	9.04%	14.74%
户均流入林地面积/亩	56.51	72.30	99.12
2.　林地流出			
林地流出的农户比例	4.16%	6.27%	8.26%
户均流出林地面积/亩	22.36	21.78	25.53

首先，从林地流转参与的农户比例上来看，在福建省，由于林地流转工作开展得较早，经验较为成熟，而且又处于沿海地区，农户具有较高的市场经济意识，且较了解林地流转的相关知识，因此农户参与林地流转的比例为三省之中最高，达到了22.32%；江西省虽然也是最早进行林权改革的试点省份之一，但与福建相比，样本中只有15.05%的家庭发生了林地流转行为，这可能与该省地处内陆有关；与上述两个省域相比，湖南省参与林地流转的农户比例最低，只达到了样本总体的9.09%。除此之外，对比林地流出的农户比例和林地流入的农户比例发现：这三个省中，林地流出的农户比例均低于林地流入的农户比例，这说明林地流转的主要形式是林地流入。

从林地流入的农户比例来看，三个省林地流入的农户比例按从高到低顺序依次为：福建＞江西＞湖南，福建省的林地流入农户比例比江西省高出5.7个百分点，比湖南省高出9.46个百分点，这说明福建省林地流转市场比湖南和江西都要发达。从林地流入面积来看，三个省的户均流入面积从高到低顺序依次为：福建省＞江西省＞湖南省。

从林地流出的农户比例看，从高到低依次为福建省＞江西省＞湖南省，而从林地流出面积来看，户均流出面积从高到低的顺序依次为：福建省＞湖南省＞江西省。整体来看，福建省户均林地流转面积最大，这可能与该省丰富的森林资源有关，该省2018年的森林覆盖率为65.95%，略高于江西省(63.1%)，但远高于湖南省(59.57%)。

3.2.5 林地流转原因

收入是林地流转的一个重要原因。表3-8中的数据表明，从转入户的角度分析，88.7%的农户之所以转入林地是希望通过开展专业化林业种植活动来增加家庭收入；而从转出户的角度分析，65.75%的农户之所以转出林地是因为该农户认为"林业效益低"，无法满足其额外需求。林地流入与流出两类农户对于林地流转的不同选择反映农户的林业经营能力存在异质性，这便是林地在农户之间自由流转的前提。

表 3-8　农户进行林地流转的原因

转入林地的原因	占比	转出林地的原因	占比
增加家庭收入	88.70%	林业效益低	65.75%
有多余劳动力	54.28%	缺乏劳动力	54.81%
政策鼓励	24.73%	外出务工	52.09%
帮助亲朋好友	4.91%	经营林业比较辛苦	46.42%
其他	27.36%	其他	14.39%

家庭林地分配与劳动力之间存在差异也是农户参与林地流转、进行林地交易的另一个重要原因。由于初始分配和人口变动的存在，农户的林地 - 劳动力比率存在差异，因此农户通过林地流转对林地进行再配置以取得合适的林地 - 劳动力比率。由表3-8可知，54.28%的农户因"有多余劳动力"而选择转入林地，54.81%的农户则因"缺乏劳动力"而选择转出林地，这也很好地证明了为取得合适的林地 - 劳动力比率是农户进行林地再配置的重要动机。

另外，农业、非农业收益情况也是促使农户流转林地的一个主要原因，其中，52.09%的农户因"外出务工"而转出林地。此外，在林地转出的农户中也存在一定比例的农户，由于"经营林业比较辛苦"而转出林地。

除此之外，本书也对农户未进行林地流转的相关原因进行了调查与分析，具体的数据如表3-9所示。

表 3-9　农户未进行林地流转的原因

未转入林地的原因	占比	未转出林地的原因	占比
林业经营收益低	77.83%	自己经营	84.03%
劳动力不足	68.25%	租金太低	57.67%
外出务工	37.42%	没人愿意租	32.33%
流转不到林地	9.88%	出租后拿不到补贴	26.93%
租金高	12.47%	怕收不回来	18.27%
其他	15.05%	其他	21.59%

农户未转入林地的原因主要有林业经营收益低、劳动力不足、外出务工等，其中，"林业经营收益低"是主要影响因素，占比77.83%，"劳动力不足"占比68.25%。这意味着只有具有较强的林地经营能力的农户倾向于转入林地，而林业经营意识较为淡薄的农户转入林地的意愿也较低。影响未转出林地的因素主要有农户希望自己经营、租金太低等，"自己经营"的比例高达84.03%，"租金太低"为57.67%。

此外，影响农户未转入林地的因素还包括流转不到林地、租金高等其他因素，其中，因为"流转不到林地"而放弃了转入林地的占比为9.88%；而影响农户未转出林地的因素还包括没人愿意租、出租后拿不到补贴等其他因素，其中，有32.33%的农户表示是"没人愿意租"。这表明当前农户被排除在了流转市场以外，并非转入与转出林地的需求不足，而是现实中存在着部分制约因素，阻碍有意愿参与林地流转的农户进入林地流转市场。

3.3　农户特征分析

本书将从以下两个方面对农户家庭特征进行详细分析：一是农户的家庭人口规模，另一个是农户的户均劳动力。

3.3.1　家庭人口特征

如表3-10所示，从家庭平均规模来看，总体样本值为4.14人/户，其中湖南的户均人数最多，为4.16人，福建户均人数最少，仅为4.10人。从户均劳动力来看，总体样本值为3.12人/户，其中江西省户均劳动力人数最多，而福建省最少。

表 3-10　农户人口规模与劳动力分析

	样本数	家庭平均规模	户均劳动力
总体样本	1 395	4.14 人 / 户	3.12 人 / 户
湖 南	463	4.16 人 / 户	3.13 人 / 户
江 西	458	4.15 人 / 户	3.17 人 / 户
福 建	474	4.10 人 / 户	3.05 人 / 户

3.3.2　户主年龄和受教育特征

在家庭的经营与生产过程中，户主作为重要的决策者和实施者，他的决策对整个家庭的生产经营具有较大的影响。故本书选择农户户主的年龄与其受教育程度来进行分析。如表3-11所示，从户主平均年龄来看，总体样本平均数为58.6岁，总体年龄偏大，其中江西省户主平均年龄最高。就户主的平均受教育水平来看，三个省户主的平均受教育年限为7.92年，其中福建省户主的受教育年限最多，为8.4年，而湖南省和江西省户主的受教育程度均低于三省户主的平均值。

表 3-11　户主年龄与受教育特征

	样本数	户主平均年龄	户主平均受教育程度
总体样本	1 395	58.60 岁	7.92 年
湖 南	463	59.23 岁	7.81 年
江 西	458	59.92 岁	7.53 年
福 建	474	56.71 岁	8.40 年

3.4　农户资源配置与收入分析

3.4.1　劳动力配置分析

从本书调查来看，林地流转农户在全体样本中占比不高，所以对农户要从流转农户与未流转农户两个类别来分析。其中林地流转农户又包括流入农户与流出农户，所以本部分通过以下几组数据来反映以上细分农户在劳动力配置以及家庭收入方面的差异，如表3-12所示。

表 3–12　农户劳动力配置

	样本数占比	外出务工人员 / 家庭劳动力
1. 流转农户	14.70%	28.79%
流入农户	9.18%	26.43%
流出农户	6.02%	32.23%
2. 未流转户	85.30%	32.95%

由表 3-12 所示的样本数据可知，进行了林地流转的农户其长期外出务工人员的人数占家庭劳动力总人数的 28.79%，而未流转林地的农户，这一比例则为 32.95%。若从林地流出和林地流入两个角度来进行解读，可以看出流入林地农户的外出务工人员占其家庭总劳动力人数的 26.43%，而流出林地农户的外出务工人员占家庭总劳动力的 32.23%。如果将以上两个数据与未流转农户相比，可以看到流入农户的这一比例相较于未流转农户明显偏低，而流出农户的这一比例与未流转农户水平相接近。对于那些外出务工人数占比较少的农户而言，他们在林业投入了更多的劳动力，林业经营为这些劳动力提供了就业机会，所以他们更愿意流入林地进行经营，增加收入。

3.4.2　生产性资金投入分析

农户从事林业生产，离不开资金的投入，这些资金主要投向了种苗、农药、化肥、林业机械及其他项目，从问卷数据来看，各省农户的投入数据如表3-13所示。

表3-13　农户资金投入的省域差异　　　　　　　　单位：元/亩

省份	种苗	农药	化肥	机械及其他	合计
湖南	16.53	23.75	15.62	12.79	68.69
江西	21.97	22.04	27.58	15.23	86.82
福建	21.22	35.66	33.41	18.67	108.96

从表3-13中的数据来看，三省农户的投入水平差异较大，福建投入水平最高，为108.96元/亩，领先于江西的86.82元/亩和湖南的68.69元/亩，说明福建省农户经营林业的积极性相对较高，而湖南省农户经营林业的积极性在三个省中最低。从投入结构来看，农户投入主要投向了农药和化肥，其次为种苗、机械及其他。

从各省差异来看，湖南省和福建省农户的林业资金大多投向了农药，而江西省农户的林业资金大多投向了化肥，说明病虫害防治是湖南和福建两省农户的投入重点。从机械和其他投入来看，它在各省农户的投资结构中都占比最低，同时，横向对比各省域，可以发现福建省农户的机械投资总水平是三省中最高的，而湖南省农户的机械投资总水平最低。

从流转户与未流转户的比较来看，农户的投入结构数据如表3-14所示。

从表3-14中数据可以发现，流入户和流出户的投资水平都远远超过未流转户，其中流入户的投资水平最高，而且从各项投入的比较来看，未流转户的投入水平均低于流入户和流出户，这说明农户进行林地流转有利于增加其对林业的相关投入。从种苗的投入看，流出户的投入水平是最高的，达到了28.61元/亩，这说明林地流出中交易的林地荒山面积较少，为了获取更高的流出收益，农户对苗木的投资力度会加大。从农药投入来看，也是流出户的资金投入水平最高，说明林地流出对于病虫害防治有利。从化肥投入看，流入户的投资力度最大，说明林地流入激励了农户的施肥量，从而有利于提高林业产出。从机械及其他投入看，流入户的投资水平最高，说明随着林地规模的扩大，劳动力负担逐渐加重，为减轻工作负荷，农户增加了对机械和其他固定资产的投入。

表 3-14　不同农户的投入比较　　　　　　　单位：元/亩

不同农户	种苗	农药	化肥	机械及其他	合计
未流转户	15.99	21.15	11.78	13.82	63.74
流入户	23.88	34.93	36.29	17.90	110.76
流出户	28.61	37.03	12.03	14.66	95.33

3.4.3　农户收入特征分析

本书将集体林区农户的收入来源分为了三类：一为林业，二为农业，三为非农业，因此从收入结构来看，集体林区农户的收入结构也被分成了三类，包括林业收入占比、农业收入占比以及非农收入占比。对调查获取的数据进行整理，林业流转户与林业未流转户的收入结构如表3-15所示。

表3-15中数据表明，林地流入户、林地流出户和林地未流转户在收入结构方面存在较大差异。从林业收入占比来看，流入户为32.01%，收入占比最高，说明林地流入增加了农户林业经营收入，从而提高了林业收入占比。流出户的收入占比仅为15.74%，低于未流转户的23.92%，说明农户流出林地后，对林地的生计依赖程度下降。

由于经营林业的农户还同时经营一些耕地，所以还存在一些农业收入。从农业收入在总收入之中的占比来分析，林地流入户、林地流出户以及林地未流转户在农业收入上的差别与其林业收入占比基本相同。

从非农收入在总收入的占比来看，林地流出户的非农收入在总收入的占比最高，流出林地的农户大多是因为选择外出务工而将自己的林地流出，故随着工资性收入的不断增加，农户对于农业收入和林业收入的依赖程度将会逐渐下降。流入户的非农收入占比最低，这是因为流入户在选择流入林地以后，需要更多的劳动力来经营，劳动力资源逐渐稀缺，因此会减少外出务工人数，并且增加对林业的劳动力投入，所以非农收入占比在这三类农户中的占比是最低的。

表 3-15　农户收入结构

	林业收入占比	农业收入占比	非农收入占比
流入户	32.01%	33.75%	66.25%
流出户	15.74%	17.38%	82.62%
未流转户	23.92%	29.66%	70.34%

3.5　本章小结

通过分层抽样的方法，在湖南省、江西省和福建省中各选择了 5 个县作为调查区域。在详细考察了集体林权制度改革后林地流转与农户生产经营方面的情况后，有以下几点发现：

(1)目前林地流转市场正在经历快速发展，样本中已有大概 1/7 的农户进入了流转市场，其中流入林地的农户占比 9.18%，流出林地的农户占比 6.02%。总体上来看，我国林地流转参与率相对较低，林地流转市场活跃程度不高。

(2)流转规模方面，参与林地转出的农户家庭平均每户转出的林地为 23.5 亩，而参与林地转入的农户家庭平均每户转入的林地为 75.22 亩。调查中林地流入和林地流出的平均期限为 28.25 年，而平均流转价格仅为 46.52 元/(亩·年)，可以看出林地流转的价格是偏低的，这将有利于林地的流入，而不利于林地的流出。

(3)从流转方式看，目前我国林地流转存在着多种方式，其中出租在各流转方式中的占比最大，然后是转包和转让。从流转对象来看，超过 3/4 的林地被转包给了本村的其他村民，只有少部分的林地流转到了外村农户。这些数据说明在过去的几年里，林地流转仍然以发生在本村村民之间的自发性流转、非正式流转为主。与此同时，外地工商企业(育苗企业、木材企业、家具企业等)等其他经营主体也开始参与到林地流转过程中来。

（4）从参与林地流转的农户比例来看，福建省的比例最高，达到22.32%，其次为江西和湖南。从三个省的林地流入状况来看，林地流入的农户家庭比例从高到低顺序依次为：福建省＞江西省＞湖南省，说明福建省林地流转市场是三个省中最发达的，其市场积极性也是最强的。从三个省的林地流入面积来看，农户的户均流入面积从高到低排序依次为：福建省＞江西省＞湖南省。从林地流出的农户比例看，从高到低依次为福建省＞江西省＞湖南省，而从林地流出面积来看，户均流出面积从高到低的顺序依次为：福建省＞湖南省＞江西省。

（5）从农户进行林地流转的原因来看，调查发现绝大部分农户选择转入林地的首要原因是"增加家庭收入"；而超过六成的农户之所以转出林地则是因为"林业效益低"。在没有转出林地的原因中，"自己经营"的比例最高，其次是"租金太低"；而在没有转入林地的原因中，"林业经营收益低"排在了第一位，这意味着林地经营能力弱的农户不倾向于转入林地。

（6）对农户家庭特征方面的因素进行分析，农户总体样本的家庭平均规模为4.14人／户。从户均劳动力来看，总体样本的平均值为3.12人／户。根据户主平均年龄来分析，三个省户主的平均数为58.60岁，户主的总体年龄偏大。

（7）在劳动力配置方面，在进行了林地流入和林地转出的农户家庭之中，长期外出务工人员占其家庭劳动力的比重为28.79%，而对于未流转林地的农户，这一比例则为32.95%。在收入结构中，林地流入户、林地流出户和林地未流转户都存在着很大的差异，就三类农户的收入与比情况来看，流入户的林业收入占家庭收入的比重和农业收入占家庭收入的比重都是最高的，而在非农收入的占比中，流出户的比重最高，这说明林地流转的发展对农户的收入结构产生了深远的影响。

总体而言，现阶段林地流转市场发育仍不完善，农户参与流转的积极性较低，其中有很大一部分原因是流转不到林地或找不到交易对手，因此林地流转市场还有较大的发展潜力。

第4章　林地流转对林地资源配置的影响分析

作为林业生产中最主要的生产要素，林地为广大林区农户提供了最基本的保障，同时，它对于农民增收也具有重要的意义。对于农户而言，林地流转既能提高农户资源的流动性，也能提高农户规模经营的水平。本章利用问卷调查数据，来检验林地资源是否实现了优化配置。本书的逻辑思路是：如果林地资源实现了优化配置，那么林业生产能力低的农户会流出土地，而生产能力高的农户会流入土地，即土地从林业生产能力低的农户流向了生产能力高的农户。

关于林地流转是否提高了林地资源配置效率这一点一直都存在学术争议。为此，本章将首先梳理相关文献，分析学者们在分析方法和研究结论上的差异，然后从边际产出、交易成本、比较优势等方面进行机理分析，分析林地流转的资源配置效应，并由此提出农户林业生产能力与林地流转之间关系的研究假设。为验证这些假设，本章将提出测算农户林业生产能力的方法，并设置计量模型，以检验林地是否从林业生产能力低的农户手中流向了林业生产能力高的农户手中。最后，本章将采取代理变量回归、按经营树种回归、分地区回归、更换计量模型等方法，以验证结果的稳健性。

4.1 引言

林地资源能否实现优化配置关系到政府的决策成败和农民的收益大小，因此如何有效配置林地资源一直都是政府和全社会关注的重点，也是广大农户作为土地的经营者需要思考的大事。2003年政府针对集体林地生产效率远低于国有林这一状况开展了新一轮集体林权改革，它对于释放集体林生产力、促进农户规模经营具有重要意义(李周，2011；孔凡斌和廖文梅，2011；柯水发和李周，2011；林丽梅等，2016)。在集体林权制度改革背景下，林地"按人分配"，虽然增加了农民权益，发挥了它的社会保障和失业保险功能(李承政等，2015)，但也使得林地进一步细碎化(孔凡斌和廖文梅，2014；廖文梅等，2015；詹礼辉等，2016；刘晶等，2018)，而土地细碎化不利于提升资源配置效率(黄祖辉等，2014；卢华等，2016；王嫚嫚等，2017)。而且，"按人分配"忽略了农户经营能力的差异，没有体现经济效率原则(盖庆恩等，2017)。所以，从全国来看，目前林地资源的配置效率仍然较低(李春华等，2011；宋长鸣和向玉林，2012；李京轩等，2017)。

由于林地资源没有达到最优配置，还存在帕累托改进的空间，为此，政府出台了一系列政策以促进林地流转。作为一种市场交易行为，林地流转按效率原则来再配置土地，它有利于克服林地细碎化问题，提高林地利用效率和引入新的生产要素。林地流转是否改善了林地资源的配置？对于这个问题，学者们的观点不尽相同。有的认为土地流转有利于提升经营规模，而且有利于引入新的生产要素，从而优化资源配置(许庆等，2008；郜亮亮等，2011；陈海磊等，2014)。姚洋(2000)从边际产出角度出发，认为土地会从边际产出低的农户手中流向边际产出高的农户，从而促进与改善土地资源的优化配置。还有学者从农户生产能力的差异出发，得到与之相似的判断，认为土地最终会聚集到高生产能力的农户手中，这样会通过土地与劳动力、经营能力的重新组合来减少效率损失和降低资源配置扭曲程度(Deininger & Jin，2005；章奇等，2007；Jin & Deininger，2009；史常亮等，2016)。詹礼辉等(2016)基于福建南明、三平和泉州等地的数据研究发现，林地流转有利于资源的优化配置。

有的学者则持有相反观点，认为土地流转会恶化资源配置。由于农业比较收益低，所以生产能力高的农户会选择退出农业转而从事非农产业，而生产能力低的农户只能选择滞留在农业，所以土地有可能流向低能力农户，这样会造成资源配置的扭曲(贺振华，2006；李承政等，2015；何欣等，2016)。此外，土地流转对资源配置效率的影响，还与市场发育成熟度、效率指标有关，发达地区流转效率高于落后地区的流转效率(朱建军等，2011)，土地流转会提升劳动生产率，但对土地生产率的影响不明显(李力东，2017)。

如何检验二者之间的关系，学者们运用了不同的方法。一般来说，评估林地资源配置效率可以用林地集中程度和林地细碎化程度等指标，但这些指标没有与农户的经营绩效直接联系起来，因此还比较抽象。为此，有的学者运用DEA 方法将效率分为规模效率、纯技术效率，分析林地流转对它们的影响(詹礼辉等，2016)，还有的学者将效率分为两个方面：劳动生产率与土地生产率，分析流转对这两个效率的影响(陈训波等，2011；李力东，2017)。以上方法各有缺陷：DEA 方法误差较大，无法进行检验。Deininger & Jin (2005)基于农户模型(Agriculture Househole Model, AHM)解释了土地流转市场的作用机理，即该市场可以平衡不同禀赋家庭的边际产量来实现土地流转市场的均衡，因此，他提出了一个检验土地流转对土地配置效率影响的方法，即考察农户的生产能力。边际产量反映了农户的生产能力，由于资源禀赋以及个体特征不同，所以农户的生产能力各不相同，一般来说，土地最终会集聚在边际产出较高即生产效率较高的农户手中，从而实现土地资源的优化配置。Jin & Deininger (2009)、陈海磊等(2014)、史常亮(2016)等学者先后运用了该方法，发现土地流转提升了配置效率。贺新军等(2019)采用该方法，研究了重庆三个区县的农地流转，发现农户的生产效率对净转入面积有显著的正面影响，说明土地流转方向是从生产能力低的农户流向生产能力高的农户。但李承政等(2015)与何欣等(2016)运用该方法得出的结论是土地流转没有提升配置效率。

为检验林地流转与林地配置效率的关系，本书也将基于 Deininger & Jin (2005)、史常亮(2018)的分析方法，检验林地是否从生产能力较低的农户转向了生产能力较高的农户。为此，本书将首先运用 SFA 模型测算农户的技术效率，以此来反映农户的生产能力，然后通过双变量 Probit 模型和双变量 Tobit 模型来考察农户生产能力对土地流转概率和流转数量的作用。为检验模型结果的可靠性，本书采取了以下方法：

(1)代理变量回归，通过运用全要素生产率和边际产出来替换 SFA 随机效应模型测算的农户生产能力，并替换部分控制变量，以进行稳健性检验。

(2)将农户分为经济林经营户与用材林经营户两类，分组进行回归。

(3)根据地区发达程度将农户分为发达地区农户与落后地区农户两组，并引入农户生产能力与地域虚拟变量的交互项，以检验基准模型结果的稳健性。

(4)引入新的计量方法，即运用 Double-Hurdle 模型来进行稳健性检验。

4.2 机理分析与研究假设

农户的林业生产行为由于受教育、年龄、户主和其他因素的影响而存在较大差异，这就使得农户间的林业生产能力高低不平。依据林业生产能力的差别，农户可以分为高效率农户与低效率农户。如果林地流转是高效率的，那么林地应该是从低效率农户流向高效率农户；反之，就流向低效率农户。因此，通过检验林地流转在低效率农户与高效率农户间的流转方向就可以判定林地流转是否促进了林地资源的优化配置。

林地流转会平衡高效率农户和低效率农户的边际产出，也会降低流转双方的交易成本。前者指林地流转会使农户间的边际产出趋于一致，后者指林地流转降低了土地流入方与土地流出方的交易费用。此外，由于不同农户间存在比较优势的差别，在比较优势分工效应的影响下，林地会在不同农户间流转。以上三种效应的影响如图4-1所示。

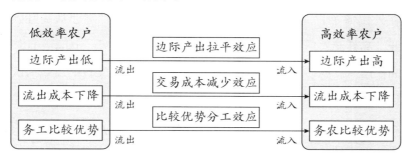

图 4-1　林地流转的资源配置效应分析

从边际产出的角度来看，由于每个农户的边际产出不同，所以农户对林地的效应评价也不尽相同。林业生产能力高的农户，因为边际产出高而对林地的效应评价较高。林业生产能力低的农户因为边际产出较低，所以对林地的效应评价较低。对林地效应评价高的农户，想要流入更多林地，而对林地效应评价低的农户，则会有相反的意愿。通过林地流转交易，生产能力高的农户在流入土地后，边际产出会减少。而生产能力低的农户在流出林地后，边际产出会上升。因此，林地的流入会降低高效率农户的边际产出，而林地流出又会提高低效率农户的边际产出(朱建军等，2011；冒佩华等，2015)。这也就是说，林地流转缩小了高效率者与低效率者的边际产出差距，这就产生了拉平效应，使得土地流向产出水平高的农户，实现资源的优化分配。

从交易费用理论来分析，林地流转存在交易成本减少效应。交易费用包括信息搜索、协商谈判与履约监督等成本，它对林地流转的规模有较大影响。从林地流入的需求方来看，交易费用越少，则土地流入的费用就越少，因此林业生产能力高的农户对土地的需求就越大。从林地流出的需求方来看，交易成本越低，则土地流出的成本越低，因此林业生产能力越低的农户对林地流出的需求就越大。因此，交易成本越低，就越有利于土地从低效率农户流向高效率农户，从而实现土地资源配置的帕累托效率改进。

从比较优势分工效应来分析，不同农户由于禀赋的差异而存在林业生产能力的差别。相对于低效率农户，高效率农户在林业生产上有较大的比较优势，但在外出务工方面，由于都是接触的陌生行业，都需要从头开始接受培训，因此，高效率农户相对于低效率农户的比较优势较小。因此在比较优势分工效应的作用下，林业生产能力高的农户会集中精力从事比较优势较大的林业生产，而林业生产能力低的农户则应转入到绝对劣势较小的外出务工中。这样，高效率农户就有流入林地扩大经营规模的需求，而低效率农户就有流出林地以摆脱林地束缚的需求。两种需求的匹配就必然导致土地资源流向产出能力高的农户，实现资源的优化配置。

总结以上边际产出效应、交易成本效应和比较优势效应，本书提出以下两个假设：

假设1：农户的林业生产能力越高，则流入林地的概率和规模也就越高。

假设2：农户的林业生产能力越高，则流出林地的概率和规模也就越低。

4.3　方法与模型

4.3.1　实证方法

本章实证方法包括林业生产能力测算与计量检验模型设置两个部分。

4.3.1.1　林业生产能力测算

为检验林地流转对林地资源合理分配的作用，农户林业生产能力的测算是一个关键。目前，测算农户生产能力有四种方法：第一种是用农户的土地经营净收入来表示农户生产能力（田传浩等，2004）。第二种是用 DEA（Data Envelopment Analysis，DEA）数据包络分析来测算农户的生产能力（詹礼辉等，2016；贺新军等，2019）。第三种是用 SFA（Stochastic Frontier Approach，SFA）随机前沿模型来测算农户的生产能力。第四种是用全要素技术率来测算农户的生产能力（陈海磊等，2014；李承政等，2015；侯建昀等，2016）。

第一种方法用绝对数来测算林业生产能力，由于没有结合农户的投入与产出，所以无法精确地反映农户的生产能力，因此，朱文珏和罗必良（2016）提出为了比较农户间林业生产能力的高低，应该用生产经营的效率或效益等相对值。第二种和第三种方法比较，两者的原理基础不同。数据包络是分析生产效率的一种方法，它采用线性回归的方法包络出最优生产前沿，而随机前沿分析以事先设定的生产关系为基础，对该关系进行数学估计。与数据包络分析相比，随机前沿分析具有以下优势：

（1）稳定性较好。数据包络分析为非参数分析，所以生产前沿面具有非固定性，稳定性较差。而随机前沿方法通过设定生产函数来确定前沿面，它考虑了所有的投入产出因素，所以与数据包络法相比，具有较好的稳定性。

（2）由于数据包络方法是非参数方法，不存在检验机制，而随机前沿分析方法可以对结果进行最大似然 LM 检验和 T 检验。

第四种全要素生产率又称为技术进步率，它能反映效率改进、规模效应和技术进步的影响，是新古典经济学衡量科学技术进步给生产生活带来重要影响的一个突出指标。全要素生产率是经济中各种生产要素的综合生产率，能较好地反映农户的资源配置水平，因此本书选用该指标来做稳健性检验。

由于与数据包络分析法相比，随机前沿法具有稳定性好、可检验等优点，所以本书参照屈小博（2009）、田杰和石春娜（2017）的方法采用随机前沿法测算农户的生产能力，并作为本章的核心解释变量。该方法通过测算农户的技术效率指数（Technical Efficiency，TE）来近似反映农户的林业生产能力。技术效率越大，说明农户的实际产出越接近最优产出，也就是资源配置效率接近最优状态；反之，则说明配置效率低。随机前沿法的模型为：

$$Y_i = f(X_i, \beta) + \exp(V_i - U_i) \tag{4-1}$$

$$\ln Y_i = \ln f(X_i, \beta) + V_i - U_i \tag{4-2}$$

式(4-1)两边取对数后变为式(4-2)。Y_i 为农户的实际林业产出；X_i 为林业生产中的各种投入要素，包括林地、劳动力和资本的投入水平；β 为林业生产中各投入要素的系数；V_i 表示不可控的随机因素，它服从对称的正态分布，即 $V_i \sim N(0, \sigma_v^2)$；$U_i$ 是非负随机变量，是样本农户的生产技术无效率部分，它为截尾正态分布，即 $U_i \sim N(m_i, \sigma_\mu^2)$，$m_i$ 为无效率函数。假定 V_i 与 U_i 之间相互独立，而且都独立于解释变量 X_i。本书选用最大似然估计法。

在估算出式(4-2)的参数后，运用以下公式测算出农户 i 的林业生产技术效率值 TE_i：

$$TE_i = \frac{Y_i}{f(X_i, \beta)\exp(V_i)} = \exp(-u_i) \tag{4-3}$$

林业生产技术效率值 TE_i 介于0到1之间，它反映了农户实际生产能力与可能实现的最优前沿产出（$u_{it} = 0$）之间的比例关系。TE_i 越大，表明农户的林业产出水平越高。

利用 SFA 模型可以选择 Cobb-Douglas 产出函数，也可以选择超越对数（Translog）产出函数。由于 Cobb-Douglas 函数过于简单，而 Translog 函数能够反映各因素的交互影响，所以本书选择超越对数生产函数，即：

$$\ln Y_i = \beta_0 + \beta_1 \ln A_i + \beta_2 \ln L_i + \beta_3 \ln K_i + \frac{\square}{\square}\beta_4 \left(\ln A_i\right)^{\square} + -\beta_5 \left(\ln L_i\right) + -\beta_6 \left(\ln K_i\right) +$$
$$\beta_7 \ln A_i \ln L_i + \beta_8 \ln A_i \ln K_i + \beta_9 \ln L_i \ln K_i + \beta_{10} area_i + \beta_{11} T + V_i - U_i \tag{4-4}$$

在该模型中，Y_i 仍为农户的实际林业产出（包括林产品收入、林下经济收入等），A_i 为农户的林地投入面积（家庭实际经营的林业面积），L_i 为农户的劳动力投入数量（16岁以上的劳动力），K_i 为农户的生产性资金投入水平，$area_i$ 是虚拟变量，i 为1、2、3时分别代表湖南省、江西省和福建省。T 为时间变动，代表由于技术进步而引起的生产前沿面变化。β_i 为待估计参数，V_i 为随机误差，U_i 是无效率项引起的误差，$V_i \sim N(0, \sigma_v^2)$，$U_i \sim N(m_i, \sigma_\mu^2)$，$V_i$ 与 U_i 之间相互独立。

4.3.1.2 计量模型

新一轮集体林权制度改革确权到户后，作为一种新的配置方式，林地流转是否促进了农户配置效率的提高？对于该问题，如果林地是从生产能力低的农户流向生产能力高的农户，则说明林地流转的效率好；反之，如果林地是从林业生产能力高的农户流向生产能力低的农户，则说明林地流转效率低，林地流转没有发挥合理配置资源的作用。对于前一种流转效率高的情况，可以采取进一步的激励政策来推动林地流转，对于后一种流转效率低的情况，则应调整林地流转政策。

为了检验林地流转是否促进了林地资源的优化配置，本书以林地流转概率和林地流转数量为被解释变量来建立计量模型。农户的林地流转包括林地流入和林地流出，这两种行为都取决于农户的个人偏好，所以林地流入和林地流出并不独立（Rahman，2010；李庆海等，2012）。由于林地流入决策与林地流出决策可能相互影响，为避免方程联立性问题和样本遗漏问题，本书借鉴史常亮（2018）和周来友（2017）的方法，引入双变量 Probit 模型和双变量 Tobit 模型对林地流入与林地流出决策之间的关联性进行方程估计。其中，双变量 Probit 变量模型用来分析农户林地流出和转入的概率，双变量 Tobit 变量模型用来分析农户林地流出和流入的数量。在以上模型中，他们的因变量具有相互关联性，而且自变量都相同，误差项也是相互关联的。

本书定义双变量 Probit 模型和双变量 Tobit 模型如下：

$$
\begin{cases}
Rland_{in}^*(Tland_{in}^*) = \delta_0 + \delta_1\alpha + \delta_2 Z + \varepsilon_1 \\
Rland_{out}^*(Tland_{out}^*) = \varphi_0 + \varphi_1\alpha + \varphi_2 Z + \varepsilon_2 \\
E(\varepsilon_1) = E(\varepsilon_2) = 0 \\
\mathrm{var}(\varepsilon_1) = \mathrm{var}(\varepsilon_2) = 1 \\
\mathrm{cov}(\varepsilon_1, \varepsilon_2) = \rho
\end{cases}
\tag{4-5}
$$

在双变量 Probit 模型中，结果变量 $Rland_{in}$、$Rland_{out}$ 与潜在变量 $Rland_{in}^*$、$Rland_{out}^*$ 的关系为：

$$
Rland_{in} = \begin{cases} 1 & 如果\ Rland_{in}^* > 0 \\ 0 & 如果\ Rland_{in}^* \leqslant 0 \end{cases}, Rland_{out} = \begin{cases} 1 & 如果\ Rland_{out}^* > 0 \\ 0 & 如果\ Rland_{out}^* \leqslant 0 \end{cases}
\tag{4-6}
$$

在双变量 Tobit 模型中，结果变量 $Tland_{in}$、$Tland_{out}$ 与潜在变量 $Tland^*_{in}$、$Tland^*_{out}$ 的关系为：

$$Tland_{in} = \begin{cases} Tland^*_{in} & \text{如果 } Tland^*_{in} > 0 \\ 0 & \text{如果 } Tland^*_{in} \leq 0 \end{cases}, Tland_{out} = \begin{cases} Tland^*_{out} & \text{如果 } Tland^*_{out} > 0 \\ 0 & \text{如果 } Tland^*_{out} \leq 0 \end{cases} \quad (4\text{-}7)$$

$Rland^*_{in}$、$Rland^*_{out}$ 与 $Tland^*_{in}$、$Tland^*_{out}$ 为潜在变量，可理解为林地流入或流出的净收益。$Rland_{in}$、$Rland_{out}$、$Tland_{in}$、$Tland_{out}$ 为林地流转概率和林地流转数量的最终结果变量。其中，$Rland_{in}$ 表示农户家庭是否转入了林地，$Rland_{out}$ 表示农户家庭是否转出了林地；$Tland_{in}$ 表示农户转入林地数量；$Tland_{out}$ 表示农户转出林地数量。式(4-5)包括了林地转入与林地转出的两个方程，并且两个方程在设立过程中都使用了相同的解释变量 α 和控制变量 Z。α 为农户的林业生产能力，是本章的核心变量，它既可以用农户的生产技术效率来表示，也可以用全要素生产率表示，还可以用农户的边际产出来表示。Z 为能对林地流转的过程造成影响的其他因素，包括户主特征、家庭特征、村庄特征等。δ_i、φ_i 为待估计参数(向量)。ε_1、ε_2 为服从二元联合正态分布的随机扰动项，包含未能观测到的其他因素，如偏好、自然条件、土壤肥力等。

本书采用模拟最大似然法对式(4-5)进行联合估计。ρ 为上述转入方程和转出方程之间随机干扰项的相关系数，如果 ρ 显著等于0，表明 ε_1 与 ε_2 不相关，则式(4-6)相当于两个独立的单变量 Probit 模型或单变量 Tobit 模型，可分别进行估计；如果 ρ 显著不等于0，说明 ε_1 与 ε_2 相关，林地流入与林地流出的决策受到某些不可观测因素的共同影响。$\rho > 0$ 说明农户增加林地转入的同时会增加林地转出，反之，$\rho < 0$ 说明农户增加林地转入的同时会减少林地转出。

通过式(4-5)中农户林业生产能力系数 α 的符号 δ_1 与 φ_1 的显著性可以判断林地流转的效率，即林地流转是否促进了林地的优化配置。因为农户的林业生产能力是不能通过市场转移的，所以当 $\delta_1 > 0$ 且 $\varphi_1 < 0$ 同时成立时，表明林业生产能力越高的农户越倾向于流入林地，而越不倾向于流出林地，这也说明

在林地流转方向是从生产能力低的农户流向了生产能力高的农户，因此，这种流转方向促进了林地的优化配置。如果估计结果为 $\delta_1 < 0$ 且 $\varphi_1 > 0$ 则得出与上述相反的论点，说明促进论观点不成立，林地资源的配置效果并没有因为土地的流转而更加高效。

4.3.1.3　变量设置与定义

(1) 被解释变量。在双变量 Probit 模型中，有两个被解释变量，一个是 "是否应该转入林地" 另一个是 "是否应该转出林地" 分别用 $Rland_{in}$、$Rland_{out}$ 来表示。如果农户流入林地面积大于 0，则 $Rland_{in} = 1$，否则 $Rland_{in} = 0$；如果农户流出林地面积大于 0，则 $Rland_{out} = 1$，否则 $Rland_{out} = 0$。

在双变量 Tobit 模型中，"转入林地面积" 和 "转出林地面积" 是被解释变量，分别用 $Tland_{in}$、$Tland_{out}$ 来表示。$Tland_{in}$、$Tland_{out}$ 取农户转入土地和转出土地面积的实际值。

(2) 核心解释变量。本书的核心解释变量为农户的林业生产能力。它主要用随机前沿方法来进行测算，通过先估算农户生产函数的无效率项，再来测算农户的技术效率，技术效率的高低就代表了农户产出水平的高低，同样也是农户配置资源水平的高低。为计算该指标，需要确定相关的变量如林地面积、资本、劳动力指标和林业产出。

①家庭林业总收入 Y。将各类林业收入进行加总，就可以得到家庭林业总收入 Y。

②林地投入 M。在林业经营分析中，林地投入分析是必不可少的，一般而言，土地使用面积与林业总产出之间呈正相关关系。

③资本投入 K。林业生产除了要投入林地，还需要投入各项资金，将这些资金加总，就可以得到农户的资本投入。从目前来看，农户生产经营效率低下的一个突出表现因素就是各要素投入不足，为此，本书假设资本投入对林业产出有正面影响，也就是随着种苗、化肥、农药等要素的投入增加，林业产出也

会相应增加。

④劳动力投入 L。本书选用林业经营投工量来表示劳动力投入。林业经营投工量由两个部分组成：一是家庭内部劳动力，二是对外雇佣劳动力。为便于核算，本书将农村劳动力从事林业生产时间按每年360 d、每天8 h进行折算。

本书的另一个核心解释变量为边际产出（MPM），它为农户的亩均产出与土地产出弹性的乘积。由于本书假设土地的产出弹性不变，从而农户生产效率的变化主要取决于亩均产出，所以本书用亩均产出作为第二个衡量农户生产配置效率的指标。

（3）控制变量。除了上述核心解释变量，本书还引入了以下几组控制变量。

第一组变量主要由户主个体的特征组成，如性别、年龄和文化教育水平。

①性别。在调查数据中，将近9成的户主为男性，女性占比较少。因此，本书引入该变量，以分析户主性别对林地流转决策影响。在本书中，假设户主性别为虚拟变量，男性为1，女性为0。

②年龄。有学者发现，年轻的户主与年老的户主在林地流转决策上存在差异。年纪较长的户主由于受健康和技能的影响，外出机会较少，因而只愿意在自己熟悉的林地上经营，一般来说，他们流入林地的可能性也小。此外，由于年纪较长的户主思想观念比年轻户主更为保守，将自家林地视为重要的生活保障，他们对土地依赖性较强，所以也不会轻易地流出林地。因此，本书引入了户主年龄变量，以分析户主年龄对林地流转的重要影响（高岚和徐冬梅、2018；徐堇寒和徐秀英，2018）。此外，本书还加入了年龄的平方项，以分析户主年龄对林地流转的"U"形或倒"U"形影响。

③受教育程度。户主受教育程度代表了农户所拥有的人力资本，受教育程度也与视野有关，受教育程度越高，视野越广，接受新事物能力就会更强，对于规模经济的理解就会更深刻，因此更容易转入林地。

第二组包括了人均承包林地面积、劳动力比例、林业生产资料价值、是否为党员干部户、林地细碎化程度、林业收入占比等6个家庭特征变量。

①人均承包林地面积，它是用来说明初始林地资源禀赋水平的变量。土地流转是对家庭经营最优规模进行适应性调整的资源配置手段。从资源配置角度来说，如果人均承包林地面积越大，则越接近最优经营规模，因此流入方更愿意保留现状，不愿再转入(徐秀英等，2013；田杰和石春娜，2017)。为便于分析，本书将其取对数处理，并假设其对转入土地的概率和数量都有负面影响，而对转出土地的概率和数量都有正面影响。

②劳动力比例反映劳动力人口(包括家庭内部劳动力和雇佣劳动力)在家庭总人口中的比重。劳动力是指年龄在16岁至60岁的劳动年龄人口。家庭劳动力人口占家庭总人口的比例越大(即劳动力比例越大)，农户的林业产出水平越高、风险的抵御能力也越强。因此，该数值越大，农户转入率越高，转出率越低，农户就更愿意流入林地而更不愿意转出林地。

③林业生产资料价值包括林业机械、运输机械、林业固定资产等生产资料。从林业社会化的服务水平来看，如果林业社会化的服务市场发达，则农户可以直接购买这些服务来进行资源配置，但是由于交通、地理条件等方面的原因，这个市场通常是落后的，因此农民必须自己购置这些生产资料。所以，从提高这些设备和设施的利用效率来看，生产资料越多的农户就越倾向于流入林地，也就越不倾向于流出林地。此外，农户拥有的林业生产资料的价值越高，则代表农户的林业生产能力越高，因此流入林地的概率会增加，而流出林地的概率会减少。

④是否为党员干部户是虚拟变量。本书引入该变量是为了考察政治身份对农户林地流转的影响。只要农户家庭成员中有党员或干部身份，则该变量记作1，如果都没有，则记作0。在林地的流入和流出方面，该变量为不确定因素。一方面，农户家庭中如果有党员或干部，则意味着其信息获取能力以及掌握国家政策的能力都较一般农户要高，这些能力是农户生产能力的重要组成部分，因此，党员干部家庭参与林地流转的概率和数量都要比普通家庭要高。另一方面，由于党员干部家庭意味着从事非农业岗位工作的机会更多，从而较少

参加林业生产，进而流出林地。

⑤林地细碎化程度。新一轮集体林权制度改革虽然按公平原则平均分配了林地，林地细碎化却不降反升，这影响了机械设备和先进技术的推广，同时增加了管护成本。因此，细碎化程度越高，生产成本越高，因此越不利于规模经营，也就越不利于林地流入(李桦等，2015；朱烈夫等，2017)。

⑥林业收入占比。该变量反映了农户对林业收入的依赖程度。林业收入占比对林地流转有重要影响(高岚和徐冬梅，2018；徐董寒和徐秀英，2018)，一般来说，如果农户的收入主要来源于林业收入，则该农户转入更多林地的意愿就越强(邱怡慧等，2018)。

第三组变量包括交易成本、林产品价格、工资水平、申请采伐的难易程度、村庄参与林地流转的农户比例、村庄地理位置等六个变量。

①交易成本是指林地流转中交易双方搜集信息、交易谈判、流转租金和履约监督等费用或代价。从新制度经济学交易费用理论出发，交易的经济成本是林地流转中流转双方都须考虑的一个关键因素。如果成本降低，则会提高农户参与度，增加流转农户的数量；反之则降低流转农户的数量。对于交易成本，由于没有直接的数据，所以本书参考 Kimura 等(2011)与张寒等(2018)的方法，用村内每个农户拥有林地面积的倒数来测算。其逻辑是农户平均的林地面积越小，则流入农户需要花费较大的代价来搜索信息和交易谈判，因此交易费用会较高。

②林产品价格直接关系到农户流转林地的收益，当价格高时，农户的经营收益就会高，因此农户转入林地的概率以及数量都会上升(李桦等，2015；张寒等，2018)。农户的林地转出率与林产品的价格有着密切关系，具体变现为：价格下降，转出率升高。

③工资水平关系到农户经营林业的人工雇佣成本。当工资水平较高时，从外部雇佣劳动力的成本就较高，因此不利于林地流入，但对林地流出有促进作用。

④农户申请采伐的难易程度也会对林地流转产生影响。从新制度经济学理论出发，采伐政策对农户的林木采伐变现有重要影响，因而也能影响林地流转交易（Miao & West，2004；黄森慰等，2011）。采伐申请难易度为农户主观判断的一个问题，本书设置它为一个虚拟变量，若农户回答容易则取值为1，较难则取值为0。采伐申请容易通过，会刺激农户林地流入，反之，农户流入林地的积极性就会降低。

⑤村庄参与林地流转的农户比例反映林地流转市场的活跃程度，村庄流转市场越活跃，则可以吸引更多的农户加入；反之，就会降低农户的参与欲望。

⑥村庄地理位置反映了林地的交通条件。一般来说，交通条件越便利，则越有利于吸引资金进入，从而有利于林地流入；交通条件越偏远，则越不利于林地流入。而且，村庄地理位置还关系到土地流转的租金，罗迈钦（2014）证实城镇周边的土地流转价格要高于位置偏僻的地区。本书用村庄到最近乡镇或县城的距离来作为该变量的取值。

4.3.2　变量描述性统计

前述所有变量的描述性统计见表 4-1。

表 4-1　变量描述性统计

变量类型	变量名称	变量定义	均值	标准差
投入产出变量	总产出	林业经营总收入 / 元	12 835.62	20 848.79
	林地投入	林地经营面积 / 亩	37.68	75.09
	资本投入	林业生产费用总和 / 元	2 656.79	15 275.63
	劳动投入	林业经营投工量 / 工日	105.81	17.49
被解释变量	是否转入林地	是 = 1，否 = 0	0.09	0.29
	是否转出林地	是 = 1，否 = 0	0.06	0.23
	转入林地数量	流入林地的面积 / 亩	75.22	97.63
	转出林地数量	流出林地的面积 / 亩	23.50	22.41

表 4-1（续）

变量类型	变量名称	变量定义	均值	标准差
核心解释变量	农户林业生产能力	由 SFA 模型测算农户的林业生产能力	0.59	0.47
户主特征表	性别	男 = 1，女 = 0	0.90	0.23
	年龄	户主实际年龄 / 周岁	58.60	10.73
	受教育程度	受教育年限 / a	7.92	2.95
家庭特征变量	人均承包林地面积	承包林地面积 / 总人口 /（亩·人$^{-1}$）	10.72	26.42
	劳动力比例	劳动年龄人口 / 家庭总人口 /%	75.41	22.09
	林业生产资料价值	年末拥有固定资产原值 / 元	7 623.38	242 39.51
	是否为党员干部户	是 = 1，否 = 0	0.22	0.41
	林地细碎化程度	林地面积 / 地块数 /（亩·块$^{-1}$）	12.07	19.23
	林业收入占比	林业收入 / 家庭总收入 /%	24	28
村特征变量	交易成本	村庄平均每户拥有林地面积的倒数	0.23	1.09
	林产品价格	每立方米木材的价格 /（元·m^{-3}）	933.86	71.15
	工资水平	当地雇工平均工资 /（元·人$^{-1}$·d^{-1}）	142.67	25.53
	采伐申请难易度	容易 = 1，难 = 0	0.65	0.46
	村庄参与林地流转的农户比例	村庄被调查农户中发生林地流转的比例 /%	14.62	23.52
	村庄地理位置	村庄到最近乡镇或县城的距离 / km	7.85	5.27

注：1 亩 = 0.066 7 hm^2。

从投入产出指标来看，总产出、林地投入、资本投入和劳动投入的标准差都比较大，说明不同农户在林业生产能力方面存在较大差异。

从林地流转情况看，林地流入的农户比例比林地流出的农户比例高出3%，但总体而言，集体林地流转比例不高。从林地流转面积看，平均转入面积为75.22亩，远高于平均转出面积23.50亩，说明农户对林地转出较为谨慎。

从户主特征看，90% 的户主为男性，女性占比只有10%，这与中国农村的传统社会结构相符。户主平均年龄为58.60周岁，总体年纪偏大。户主文化水平总体较低，平均接受教育时间7.92年，即大多数户主文化只达到初中生水平。从家庭特征分析，人均实际承包林地面积为10.72亩。劳动力方面，劳动年龄人口占家庭总人口的比例反映了农户家庭可用劳动力数量的多寡，调查显示，样本农户在该指标上的平均比例约为75.41%，约11.8% 以上的农户家庭人口全部为劳动力，总体而言，可支配劳动人口充足。从样本农户拥有的林业生产资料价值来看，平均每户家庭拥有 7 623.38 元机械或固定资产。样本农户中22%的农户为党员干部户，绝大部分被调查户的家庭成员中都既没有党员也没有干部，即绝大多数家庭都为普通家庭。从林地细碎化程度看，平均每块林地面积为12.07亩，细碎化程度较高。参与调查的农户的林业收入占比为24%，说明对于大多数农户而言，林业收入并不能支撑整个家庭支出。

从村特征变量看，林产品价格为933.86元/m³，与以往年份相比，总体价格有所上涨。从雇工工资水平看，目前为142.67元/（人·d）的水平，这个价格属于一个较高水平。从采伐申请来看，大多数人认为目前采伐比较容易申请。从市场活跃程度看，村庄上参加林业土地流转的人数不多，只有 14.62%，说明林业土地流转市场还不够活跃。样本农户离附近城镇的平均距离为7.85km，大多数交通状况较好。

4.4　林地流转的林地配置效应检验

4.4.1　农户林业生产能力测算

通过运用式（4-4），可以测算出各生产要素的产出弹性，再以此为基础运用式（4-3）来测算各农户的林业生产能力。随机前沿生产函数的估计结果如表 4-2 所示。

表 4-2　随机前沿生产函数的估计

变量	待估参数	t 统计量
常数项	5.237 2***	5.829 3
林地投入	0.462 8***	3.287 5
劳动力投入	0.219 3**	2.023 8
资本投入	0.176 4*	1.692 0
林地投入二次项	−0.023 7*	−1.752 3
劳动力投入二次项	0.017 5*	1.662 1
资本投入二次项	0.015 8	0.983 7
林地 × 劳动力	0.063 3*	1.973 8
林地 × 资本	0.053 4	1.437 7
资本 × 劳动力	0.038 1	0.378 2
地区虚拟变量	0.183 2***	2.913 7
时间变量	0.047 2***	4.387 2
γ	0.682 1***	3.457 9
Sigma-squared	1.137 2***	7.822 0
似然函数值	−365.278 3	
观测值	6 975	

注：***、**、* 分别表示 1%、5% 和 10% 水平下的显著性水平。

从表 4-2 结果可以看出，林地投入二次项、劳动力投入二次项、林地 × 劳动力这三项都在 10% 的水平上具有显著性，说明函数选择是正确的。随机前沿函数的 γ 值为 0.682 1，并且在 1% 的水平上显著，说明随机前沿函数的误差项有 68.21% 来自于技术非效率，剩下的 31.79% 才来自于随机干扰。

从林地投入的一次项系数来看，林地的估计系数为 0.462 8，但从林地投入的二次项来看，它的系数符号为负，说明林地投入与生产效率不是单调递增或单调递减的关系，而是倒 "U" 形关系，这个结论与田杰 (2014) 的观点一致。

从此可以看出，对于农户而言，存在一个最优经营规模的问题，过小或过多的林地经营规模都不利于林业的高效生产，只有合理的生产经营规模才会有利于保持高效率生产。从劳动力投入的系数来看，无论劳动力一次项还是二次项的系数都对林业产出有正向影响，其中一次项对产出的影响在 5% 的水平上显著，而二次项对产出的影响在 10% 的水平上显著。资本对林业产出的影响为0.176 4，在 10% 的水平上显著，资本二次项的影响不显著。

交互项中，除了林地 × 劳动力对林业产出有显著影响外，其他两个交互项的影响都不显著。另外，地区虚拟变量的系数为 0.183 2，并在 1% 水平上显著，结果表明资源配置效率存在明显地域差异。时间变量的系数估计值为0.047 2，显著性水平为 1%，表明农户的林业生产存在明显的进步趋势。

在得到各变量的系数后，运用式（4-3）可以测算出各农户的生产技术效率 α。为便于观察各组农户生产技术效率的分布情况，本书根据调查问卷的统计分析，按林地经营规模将农户分为小规模、中等规模和大规模三组农户，每组农户在全样本中的占比都为 1/3。分布情况如表 4-3 所示。

表 4–3　农户生产技术效率分布

农户类型	最小值	最大值	平均值
小规模样本农户	0.175 2	0.764 2	0.527 8
中等规模样本农户	0.238 3	0.853 9	0.613 8
大规模样本农户	0.153 1	0.538 8	0.551 9
全样本农户	0.153 1	0.853 9	0.589 2

从表 4-3 所示的结果来看，农户间的生产技术效率差异较大，最低为0.153 1，最高为 0.853 9，因此林地会在不同生产能力的农户间转移。从各细分小组来看，平均值最高的是中等经营规模的农户，平均值为 0.613 8，说明中等经营规模可能是大多数农户适合的经营规模。林地经营规模过小，影响了先进技术的引入，也影响了专业化和组织化的管理；林地经营规模过大，会使

得管理成本、交易成本等迅速上升，因此也是不经济的。由于农户大多经营经济林或竹林，这类林产品的经营需要大量劳动力进行精细劳动，所以规模过大就会降低生产的精细化程度，从而降低林业生产效率。此外，各农户平均的生产技术效率为0.589 2，说明在现有生产技术条件下，通过提高管理水平或增加林地经营规模可以促进生产效率的进一步提高。

4.4.2　农户林业生产能力与林地流转的关系

农户是否流入林地以及流入林地数量的多少受家庭共同因素的影响，因此，本部分将同时建立两组模型：一组是林地是否流转模型；另一组是林地流转数量模型。基于前文的分析，本书以农户林业生产能力作为核心解释变量，用它来分析生产能力对农户林地流转的影响。由于是否流转模型的因变量为0或1的二值变量，而且流入林地与流出林地可能是同时被决定的，所以本章选用双变量 Probit 模型进行估计；由于流转数量是不小于零的连续数据，所以基于相同的原因，本章选择采用双变量 Tobit 模型进行估计。同时，农户特征存在省际差异，为控制该因素的影响，本部分引入了省份虚拟变量，以控制不能观察到的省际差异对农户林地流转行为的可能影响。模型估计结果如表4-4所示。

是否流转模型与流转数量模型的似然比（LR）检验均在1%水平上显著上拒绝了"$\rho = 0$"的原假设，说明存在某些影响农户林地流入和流出行为的共同因素，因此，采用双变量 Probit 模型和双变量 Tobit 模型来分析农户的林地流转行为是合适的。表4-4中各系数的正负符号和显著性都能反映各变量与林地流转决策的相关性，如果系数大于0，则表明该变量对林地流转的概率和面积具有正效应。

表 4-4　林业生产能力和林地流转关系估计结果

解释变量	是否流转模型		流转数量模型	
	是否转入林地	是否转出林地	转入林地面积	转出林地面积
核心变量				
林业生产能力	0.301***	−0.583**	7.587***	−6.467***
	（0.036）	（0.274）	（0.938）	（2.471）
控制变量				
性别	0.476*	0.327	11.355**	3.615
	（0.287）	（0.429）	（5.622）	（4.028）
户主年龄（对数）	27.471***	−9.395*	478.273***	−41.953
	（6.784）	（5.541）	（128.272）	（44.367）
户主年龄平方（对数）	−2.988***	2.374*	−68.725***	4.473
	（0.063）	（1.359）	（18.857）	（4.713）
受教育程度	−0.041**	0.020	−1.347**	0.253
	（0.018）	（0.023）	（0.683）	（0.286）
人均承包林地面积（对数）	−0.469***	0.313**	−7.483***	3.015***
	（0.038）	（0.159）	（1.686）	（0.774）
劳动力比例	0.010	−0.002	0.043	−0.053
	（0.010）	（0.003）	（0.067）	（0.063）
林业生产资料价值（对数）	0.120**	0.013	1.237**	0.157
	（0.053）	（0.020）	（0.581）	（0.299）
是否为党员干部户	0.215	0.133	5.862	0.451
	（0.303）	（0.147）	（3.739）	（0.709）
林地细碎化程度	0.387***	−0.350	7.278**	−0.582
	（0.129）	（0.372）	（1.874）	（0.847）
林业收入占比	0.425***	−0.273**	0.377***	−0.557***
	（0.132）	（0.109）	（0.118）	（0.184）
交易成本	−3.719**	−1.773	−4.786***	−1.532
	（1.659）	（1.426）	（1.374）	（1.892）
林产品价格	18.374***	−19.508***	28.768***	−22.471***
	（5.607）	（6.058）	（8.739）	（3.945）

表 4-4（续）

解释变量	是否流转模型		流转数量模型	
	是否转入林地	是否转出林地	转入林地面积	转出林地面积
控制变量				
工资水平	−0.299**	0.195**	−14.546*	4.783***
	（0.128）	（0.082）	（8.612）	（1.062）
采伐申请难易度	0.238***	−0.117**	0.161***	−0.105**
	（0.034）	（0.053）	（0.025）	（0.046）
村庄参与林地流转的农户比例	0.073***	0.042***	1.004***	1.738***
	（0.005）	（0.003）	（0.100）	（0.232）
省份虚拟变量	已控制	已控制	已控制	已控制
截距项	−24.936***	17.483***	−857.811***	30.472
	（8.814）	（6.046）	（172.036）	（43.452）
诊断和其他信息				
省份虚拟变量联合 Wald 检验	23 38.37		2 091.95	
	[0.000 0]		[0.000 0]	
Log likelihood	−973.763 8		−1934.931 8	
相关系数 ρ	−0.213***		−0.272**	
	（0.052）		（0.133）	
LR 检验 （H_0: $\rho=0$）	15.01		11.43	
	[0.000 3]		[0.000 2]	
观测值	6 975		6 975	

　　注：*、**、*** 分别表示在 10%、5%、1% 的显著性水平上显著，（ ）为异方差稳健的标准误，[ ] 为相应检验的概率 p 值。

4.4.2.1　农户林业生产能力的影响

　　农户林业生产能力 α 是本书的核心解释变量，它的估计系数在"是否转入林地"方程中为正值，在"转入林地面积"的方程中也为正值，并且在两个方程中林业生产能力系数的显著性水平都为 1%，说明农户流入林地的概率和数量都与生产能力成正比，这就证明了假说 1 的正确性。

在"是否转出林地"方程和"转出林地面积"方程中，林业生产能力 α 的符号都为负值，而且至少在5%的水平上显著，表明农户的生产能力与农户转出林地的意愿反向变动，生产能力高，则转出的林地数量就少。该结果证明了假说2的正确性。资源向高效率农户集中，因此它符合经济学中资源优化配置的要求。以上分析说明当前的林地流转在经济上是有效率的，也与政策预期相符。

4.4.2.2　控制变量的影响

控制变量的回归包括户主特征、家庭特征、村庄特征。在户主特征的影响中，男性户主转入土地的概率大于女性户主，并且在转入的数量上也有优势，这与男性的身体素质较好、生产能力较高有关，男性户主比女性户主更能适应繁重的林业劳动。但是在土地流出上，男性户主与女性户主并没有较大的差距。说明性别影响流入，但对流出影响不大。

户主所处的年龄阶段对农户的林地流转作用比较复杂。在转入的方式关系中，户主年龄的大小对农户林地流入的影响呈"n"形。户主年龄对林地流入的一次项系数为正，但户主年龄平方项的估计符号在转入方程中均一致为负，说明从年轻到中年过程中，年龄对流入的影响为正，但进入老年，体力变差，所以，"高龄"的户主会更多的选择个体经营而减少林地流入。户主年龄对农户转出土地的影响呈"U"形，年龄较低和较高的户主对林地流出有较高的倾向。这是因为壮年户主外出务工赚钱能力强，所以对土地依赖较低，但逐步进入中年后，他们会更多地考虑自己的养老保障而更看重林地的社会保障功能，因此会减少林地的转出。在成为老年人后，户主体力下降，林业经营能力也下降，因此会增加林地的流出。

户主的受教育程度反映了户主的知识文化水平。它对林地流入概率和林地流入面积有负面影响（显著性水平都为5%），而对林地流出影响不显著。户主文化水平的提高会明显降低农户转入林地的意愿，也会降低农户的林地转入量。农民受教育年限越长，同学资源也就越广，在信息渠道与信息获取方面就占优势。此外，受教育年限比较高的农民，视野较为开阔，思维能力也较为活跃，在接受技能培训时对新技术的学习和运用方面都更为主动，因此外出务工机会也就越多，所以受教育年限越长从事林业生产的意愿就越低。对于受教育程度较少的农户，因为在信息获取和专业技术培训方面都处于弱势，所以外出务工的机会相对较少，但由于增加林地投入能增加家庭收入，因此受教育程度越低林地流入越多，这点与徐秀英等(2010)的结论相反。

从家庭资源禀赋来看，它包括人均承包地面积、劳动力比例、林业生产资料价值、是否为党员干部户、林地细碎化程度和林业收入占比。人均承包林地面积的影响方面，它的估计系数在两个转入方程中均为负值，且都在1%的水平上显著，说明林地越多的农户越不愿意流入林地；人均承包林地面积在转出概率和转出数量的方程中都为正值，说明林地越多的农户转出的概率和数量也越高。这说明在目前的林地流转交易市场中，人均林地面积较多的农户是林地流出中林地的主要提供者，人均林地面积较少的农户是林地流入中林地主要的需求者。该估计结果说明进行林地流转不仅会提高我国林地资源的配置效率，而且会帮助林地面积较少的农户获取林地，使得林地市场的供求趋于均衡。

林业生产资料价值对农户转入林地的意愿和数量有显著的影响，而对转出林地的意愿和数量没有显著的影响。农户林业生产资料价值越大，农户转入林地的意愿就越高，进而转入林地的总面积就会加大。这可能与林业生产资料价值代表农户的生产经营能力有关，固定资产增加，则农户的生产经营能力增强，为最大限度地利用固定资产，农户就越有可能流入林地。

林地细碎化即农户经营林地地块的平均面积，它既是林地流转的动力，促进了林地的转让，同时也会因为增加交易费用而成为林地流转的障碍。从上表可知，地块平均面积对流入行为有显著正效应，对流出行为没有显著影响。林地细碎化影响农户对林地的投入，地块越小，越不利于农户的投入(孔凡斌和廖文梅，2014)。因为农户只有在较大规模的林地上经营，才有利于引进林业机械或新技术，才可能降低管理成本。林地细碎化程度越低(平均每块林地面积越大），则规模优势越大。

林业收入占比对林地流入有正向影响，而且在流入概率和流入面积上的显著性水平都为1%，林地收入占比对林地流出有显著的负向影响。林业收入占比反映了农户对林地的生计依赖性，该指标数值越大，农户对林地的依赖度越大，从增加家庭收入的角度，农户一般都会愿意增加林地的流入。林业收入占比越低，则农户外出务工的概率也就越高，因此农户对林地收入的依赖度就越小，因此林地收入占比越低，就越不愿意流入林地。从流出来看，林业收入占比越高，则对林地的依赖度越大，因此林地流出的概率和数量就会越小。

交易成本对林地转入的概率和面积有显著的负向影响，显著性水平分别为5%和1%，这说明农户的林地流入决策对交易成本比较敏感，交易成本高，则会引起林地流入概率和数量的减少。交易成本对林地流出的概率和面积有负面影响，但不显著。交易成本对林地流入和林地流出影响的显著性差异较大，可能与林地流入方需要承担更多的交易成本有关。林地流转交易中，与林地流出方相比，林地流入方更加积极主动，需要花费更大的代价去搜索交易信息和进行更多的谈判，所以交易成本对林地流入决策的影响更为显著。

林产品价格对林地流入有显著的正面影响，对林地流出有显著的负面影响，该结论与张寒等(2018)的结论是相同的。木材价格直接关系到农户的经营收益，木材价格高，农户获取的收益就高。木材价格的上涨会提升农户的价格预期，从而提升林地的经营价值，所以木材价格越高，则越有利于吸引林地的流入。木材价格上涨时，农户受价格预期的影响，因此不倾向于转出林地。

从上表结果来看，雇工工资水平对林地流入有负向影响，而对林地流出有正向影响，该结论与张寒等(2018)的结论保持一致。林业生产有劳动密集型的特点，需要的劳动力较多，当家庭劳动力缺乏时，就需要从外部聘请雇工，所以，雇工工资水平与农户的生产成本密切相关。从流入方来看，雇工工资水平越高，农户的林业生产成本越高，因此流入林地的经济效益就越少，所以流入林地的概率和数量都会减少。从流出方来看，雇工工资水平越高，则保有林地进行经营的成本越高，因此越倾向于流出林地。

采伐申请难易程度对林地流入和流入林地的数量有正面的影响，其显著性水平都为10%，说明采伐申请越容易，则农户越倾向流入林地。该变量对林地流出与流出林地面积都有负面影响(在5%的水平上显著)，反映采伐申请越容易，农户越不愿意流出林地。近年来，生态环境保护的压力与日俱增，为保护森林，一些地区采取了较为严格的采伐限制措施。由于森林采伐直接关系到农户收益的变现，所以采伐指标越容易申请，则林木变现能力就越强，因此会越有利于林地流转。

村庄参与林地流转的农户比例在转入方程和转出方程中都显著为正。该变量反映农户参与林地流转的程度，数值越大，则说明村级流转市场越活跃，也就越能激发林地流转双方的交易热情，因而林地流入和林地流出都会增多。农户的流转决策容易受市场环境的影响，所以通过制度安排来激活市场，会进一步增加农户对土地流入和土地流出的交易需求(史常亮，2018)。

在以上控制变量中，有些变量对林地流转并无显著影响，如家庭劳动力比例、是否为党员干部户、村庄地理位置等。农户劳动力比例对林地转入的概率和数量有正向的影响，对林地转出的概率和数量有负向的影响，但这些影响在统计上都不显著。从农户政治身份来看，是否为党员干部户对林地流转概率和流转数量的影响也无显著影响，这一点与徐秀英等(2010)的观点存在矛盾。从村庄地理位置来看，它对林地的流入和流出的影响都不显著。

4.4.3 稳健性检验

为评价与检验基准模型的稳健性，本书采取了下列方法：代理变量回归，分别使用全要素生产率和边际产出替代 SFA 测算的农业生产能力；按经营树种进行检验，将林农分为以经济林为主农户和以用材林为主农户进行回归检验；分地区进行检验，将各地划分为发达地区和落后地区来进行回归；更换计量方法，运用 Double-Hurdle 模型来替换双变量 Probit 和双变量 Tobit 模型。

4.4.3.1　代理变量回归

农户生产能力既可以用随机前沿方法进行测算，也可以用全要素生产率来测算，此外，农户的边际产出也能反映每个农户生产技术水平的差别，因此运用该指标可以较好地反映农户的生产能力（陈海磊等，2014；李承政等，2015）。

为了进行稳健性的检验，农户的林业生产能力运用了全要素生产率法来测算，并运用到代理变量的回归中。首先假设在 t 年 i 农户为生产需要投入土地（M）、资本（K）和劳动力（L），该农户的生产函数可以用柯布道格拉斯函数来表示：

$$Y_{it} = A_{it}M_{it}^{\alpha}K_{it}^{\beta}L_{it}^{\gamma} \qquad (4\text{-}8)$$

其中，Y_{it} 表示在 t 年农户 i 的林产品生产数量，M_{it} 表示在 t 年农户 i 的土地投入量，K_{it} 表示在 t 年 i 农户的资本投入量，L_{it} 表示在 t 年 i 农户的劳动力投入量。在式（4-8）中，α、β、γ 分别为劳动力、资本和土地的产出弹性。假设规模报酬不变，即 $\alpha + \beta + \gamma = 1$，而且产出弹性不随时间而变化。

A_{it} 表示在 t 年 i 农户的技术水平，即全要素生产率，A_{it} 反映了农户的生产效率。技术水平由三部分组成：地区整体技术水平、农户个体技术水平和时间趋势，它们分别表示为 Z_s、Z_i、φ_t，即 $A_{it} = exp(Z_s + Z_i + \varphi_t)$。

农户的生产能力还可以用边际产出（Marginal Product of Land，MPL）来衡量，它的计算公式为：

$$MPM_{it} = \frac{\partial Y_{it}}{\partial M_{it}} = \alpha \frac{Y_{it}}{M_{it}} \qquad (4\text{-}9)$$

从式（4-9）可以看出，农户的亩均产出与土地产出弹性的乘积即为农户的边际产出。由于前文假设了土地的产出弹性不变，所以农户生产效率的变化主要取决于亩均产出，即亩均产出可以用来衡量农户的生产效率。

对式（4-8）两边同时取对数，并考虑误差项，得：

$$\ln Y_{it} = \ln A_{it} + \alpha \ln M_{it} + \beta \ln K_{it} + \gamma \ln L_{it} + \zeta_{it} \qquad (4\text{-}10)$$

将技术水平 A_{it} 代入式 (4-10) 得：

$$\ln Y_{it} = Z_s + Z_i + \varphi_t + \alpha \ln M_{it} + \beta \ln K_{it} + \gamma \ln L_{it} + \zeta_{it} \qquad （4\text{-}11）$$

由于式 (4-11) 中的 Z_s、Z_i 无法获得数据，所以直接对该公式进行估计将会产生遗漏变量偏误问题，那么得到的要素产出弹性是有偏的。由于本书使用的是面板数据，所以可以使用面板数据固定效应模型来进行估计，这样可以得到各参数的无偏估计（Deninger and Jin，2005；陈海磊等，2014；李承政等，2015；盖庆恩等，2017）。

在各要素的产出弹性计算完成后，可以运用以下公式来测算农户的全要素生产率：

$$A_{it} = \frac{Y_{it}}{M_{it}^{\alpha} K_{it}^{\beta} L_{it}^{\gamma}} \qquad （4\text{-}12）$$

亩均产出 AVM_{it} 可用以下公式来进行测算：

$$AVM_{it} = \frac{Y_{it}}{M_{it}} \qquad （4\text{-}13）$$

由于亩均产出和边际产出有关，它也能反映农户的林业生产能力，所以本书也将运用该变量来进行稳健性分析。

对农户林业生产能力的测算首先要基于式（4-11）对各生产要素的产出弹性进行估计，在此基础上，运用式（4-12）对农户的全要素生产率进行测算。由于每个农户有多个观测值，而 Hausman 检验 p 值小于 0.001，所以运用固定效应模型。

还可以通过更换控制变量的方法检验模型稳健性。从调研的实际情况来看，农户家庭的资源配置很大程度上是联合决策的，农户的林地流转也往往表现出一种家庭行为。因此，本书采取姚洋（1999）、史常亮（2018）的做法，用家庭劳动力女性占比替换户主性别，用家庭劳动人口的平均受教育程度来替换户主受教育的程度，用家庭劳动力平均年龄替换户主年龄，再以此为基础进行回归。更换核心解释变量以及控制变量后的估计结果如表4-5所示。

表 4-5　代理变量回归

回归 A	是否流转		流转数量	
	是否转入林地	是否转出林地	转入林地面积	转出林地面积
	核心解释变量			
全要素生产率	0.308***	−0.360***	5.312***	−4.639***
	（0.116）	（0.123）	（1.172）	（1.254）
控制变量	已控制	已控制	已控制	已控制
省份虚拟变量	已控制	已控制	已控制	已控制
Log likelihood	−1 176.630 3		−1 648.365 4	
相关系数	−0.347***		−0.256**	
	（0.087）		（0.103）	
LR 检验	14.51		12.38	
（H₀: $\rho=0$）	[0.000 3]		[0.000 3]	
观测值	6 975		6 975	
回归 B	是否流转		流转数量	
	是否转入林地	是否转出林地	转入林地面积	转出林地面积
	核心解释变量			
边际产出	0.215***	−0.296***	8.362***	−7.319***
	（0.063）	（0.084）	（2.127）	（1.677）
控制变量	已控制	已控制	已控制	已控制
省份虚拟变量	已控制	已控制	已控制	已控制
Log likelihood	−1 046.801 7		−1 773.549 1	
相关系数	−0.471***		−0.309**	
	（0.117）		（0.156）	
LR 检验	15.16		12.89	
（H₀: $\rho=0$）	[0.000 3]		[0.000 2]	
观测值	6 975		6 975	

注：*、**、*** 分别表示在 10%、5%、1% 的显著性水平上显著，（ ）为异方差稳健的标准误，[ ] 为相应检验的概率 p 值。

表4-5所示的结果说明，在用全要素生产率、边际产出替换原有的核心解释变量，以及用家庭劳动力女性的占比、劳动力的平均年龄、劳动力的平均受教育程度替代户主的特征变量后，农户林业生产能力在转入方程中的系数符号为正数，且显著性都为1%，在转出方程中的系数符号为负数，且显著性为1%，而且各控制变量的符号都与预期相符，这说明原有结论具有较强的稳健性，因而通过了稳健性检验。

4.4.3.2 按经营树种回归

从调研数据来看，目前农户种植的树种基本可分为经济林和用材林两种，其中经济林包括各类果树林、茶树林和药用林等，而用材林则包括杉木林、松木林和竹林等。因此，本书将农户分为经济林经营农户和用材林经营农户进行分组回归，以检验上述结论的稳健性。分树种回归结果如表4-6所示。

从回归结果看，在经济林经营农户的样本中，农户生产能力对林地转入的概率和数量都有正向影响，而对林地流出的概率和数量都有负向影响。从用材林经营农户的回归结果来看，农户的生产能力对林地的流入有正向的影响，但对林地流出都有负向的影响。以上回归结果说明，在将样本农户分为经济林经营农户和用材林经营农户后，农户生产能力与林地流转概率和数量的关系与基准回归中的结果基本一致，这说明基准回归结果具有较强的稳健性。

从两组农户的差别中，可以发现，经济林经营农户林业生产能力对林地流入概率以及林地流入数量的影响都要大于用材林经营农户，这可能与经济林生产周期短、现金流较好有关。此外，经济林经营农户林业生产能力对林地流出概率和面积的影响都要小于用材林经营农户，这与经济林效益好、变现能力强有关系。

表 4-6　分树种回归

回归 A	经济林			
	是否流转		流转数量	
	是否转入林地	是否转出林地	转入林地面积	转出林地面积
核心解释变量				
农户林业生产能力	0.568*** （0.179）	−0.208*** （0.057）	8.739*** （2.219）	−6.574*** （2.201）
控制变量	已控制	已控制	已控制	已控制
省份虚拟变量	已控制	已控制	已控制	已控制
Log likelihood	−893.279 4		−1 538.490 2	
观测值	4 415		4 415	
回归 B	用材林			
	是否流转		流转数量	
	是否转入林地	是否转出林地	转入林地面积	转出林地面积
核心解释变量				
农户林业生产能力	0.346*** （0.134）	−0.229*** （0.067）	5.751*** （1.476）	−7.438*** （2.263）
控制变量	已控制	已控制	已控制	已控制
省份虚拟变量	已控制	已控制	已控制	已控制
Log likelihood	−1181.4705		−1538.2109	
相关系数	−0.561*** （0.162）		−0.425** （0.183）	
LR 检验 （H_0: $\rho=0$）	14.92 [0.000 3]		13.63 [0.000 2]	
观测值	2 560		2 560	

注：*、**、***分别表示在 10%、5%、1% 的显著性水平上显著，（ ）为异方差稳健的标准误，[ ] 为相应检验的概率 p 值。

4.4.3.3 分地区回归

目前对于林地流转的研究结论存在较大差异，这些差异可能与地区因素有关。为控制地区之间差异的影响，本书在基准模型中设置了省份虚拟变量。为了进一步进行稳健性分析，以考察地区经济发展差异对林地配置的影响，本书参照史常亮(2018)的方法并且按经济发展程度将农户分为"经济发达地区"与"经济落后地区"两个子样本。经济发达地区与经济落后地区的划分标准是村庄人均收入的平均值，高于该平均值则为经济发达地区，否则为经济落后地区。一般而言，经济发达地区商品经济发达，农户的商业意识较强，因此参与林地流转的农户比例高于落后地区，而且有偿流转的农户比例也会高于落后地区(朱建军等，2011)。

从问卷数据看，经济发达地区林地流转的农户比例为 21.23%，比落后地区高 10.31%；经济发达地的区有偿流转的农户比例为 58.29%，相比于落后地区高出 13.38%。经济发达地区在林地流转的农户比例和有偿流转的农户比例上都要领先于落后地区，那么林地流转市场成熟度不同的市场对林地配置的作用有何不同？为分析该问题，本书引入了农户生产能力与地区虚拟变量的交互项，并将估计结果报告在表 4-7 中。

表 4-7　分地区回归

解释变量	是否流转		流入数量	
	是否转入林地	是否转出林地	转入林地面积	转出林地面积
核心变量				
林业生产能力 α ×发达地区	0.411*** （0.083）	−0.719* （0.386）	7.338*** （2.047）	−6.402* （3.727）
林业生产能力 α ×落后地区	0.473*** （0.092）	−0.826** （0.399）	7.892*** （1.893）	−6.711** （2.947）
控制变量	已控制	已控制	已控制	已控制
省份虚拟变量	已控制	已控制	已控制	已控制
Log likelihood	−837.378 1		−1 754.348 6	

表 4-7（续）

解释变量	是否流转		流入数量	
	是否转入林地	是否转出林地	转入林地面积	转出林地面积
核心变量				
相关系数 ρ	-0.274^{***} （0.067）		-0.237^{**} （0.097）	
LR 检验（H_0: $\rho = 0$）	16.39 [0.000 4]		11.86 [0.000 3]	
观测值	6 975		6 975	

注：*、**、*** 分别表示在 10%、5%、1% 的显著性水平上显著，（ ）为异方差稳健的标准误，[ ] 为相应检验的概率 p 值。

从表4-7可以看出，在引入"林业生产能力 α × 发达地区"、"林业生产能力 α × 落后地区"这两个交互项进行回归后，无论是发达地区样本农户还是落后地区样本农户，结果都显示林业生产能力高的农户倾向于流入林地，而不倾向于流出林地，即林地从生产能力低的农户流向了生产能力高的农户，因而再次证明了基准回归模型结果的稳健性。

4.4.3.4　更换计量方法

检验林地流转对于农户流转林地与否和林地流转数量影响的同时，可以分别使用 Probit 模型和 Tobit 模型进行检验。将农户林地流转的决策分为以下两个阶段：首先决定是否流转林地(包括流入和流出)，然后决定流转数量是多少。那么对于决策分两步的情形，可以使用由 Probit 模型和 Truncated 回归方法组成的 Double-Hurdle 模型（Cragg & John，1971；Xie et al.，2014）。林地流转选择哪种组合的模型，主要取决于农户是否流转决策与流转数量决策是否独立。当两个决策联立时，则分别使用 Probit 模型和 Tobit 模型是最合适的。但如果两个决策不是联立的，那么影响农户是否流转与流转数量的因素并不相同，这时 Double-Hurdle 模型就优于 Probit 模型和 Tobit 模型的组合（Cragg & John，

1971）。Double-Hurdle 模型允许自变量分别影响农户是否流转林地和流转数量这两个先后决策，因此在解释农户林地流转行为方面具有更好的解释力。

为运用该计量方法，首先将农户分为转入户和转出户两类样本，然后分别进行回归，结果如表 4-8 所示。

表 4-8　更换计量方法

解释变量	转入户样本		转出户样本	
	是否转入林地	转入林地面积（对数）	是否转出林地	转出林地面积（对数）
核心变量				
林业生产能力 α	0.457***	1.483**	−0.798***	−0.839**
	（0.128）	（0.676）	（0.419）	（0.584）
控制变量	已控制	已控制	已控制	已控制
省份虚拟变量	已控制	已控制	已控制	已控制
Log(Pseudo) likelihood	−449.673 2	−189.398 2	−429.398 4	−147.489 9
观测值	640	640	420	420

注：*、**、*** 分别表示在 10%、5%、1% 的显著性水平上显著，（ ）为异方差稳健的标准误。

从该表中的结果可以看出，在使用 Double-Hurdle 模型后，各系数的符号以及显著性与双变量模型相比，并无明显变化。这说明在更换计量方法后，仍然验证了林地流转方向是从林业生产能力低的农户流向生产能力高的农户，所以基准回归中的结论通过了稳健性检验。

4.5　本章小结

集体林权制度改革虽然促进了社会公平，提高了对农户的社会保障作用，但它也使得林地出现了细碎化的现象，这在经济上是不经济的，因此集体林权制度的深化改革方向就是推动林地流转，从而促进林业的规模经营，提高林业经营效率。本章通过最新的农户调研数据，并建立计量模型来分析林地流转是否促进了林地资源的优化配置。通过实证分析发现：

（1）在农户林业生产能力与林地流转的回归结果中，林业生产能力对林地转入的概率和数量都有显著的正面影响，但对林地流出的概率和数量都有明显的负面影响。该结果说明，林地确实是从林业生产能力较低的农户流向了林业生产能力更高的农户。这符合经济学中资源优化配置的要求，所以，当前的林地流转在经济上是有效率的，也与政策预期相符。

（2）为了验证上述结果的稳健性，本书分别使用了以下方法来进行检验：

①代理变量回归。使用全要素生产率以及边际产出分别代表农户的林业生产能力，并替换了户主特征变量，回归结果显示林业生产能力高的农户流入林地，而林业生产能力低的农户流出林地。

②分树种回归。将样本分为经济林经营农户和用材林经营农户，结果无论在哪组农户，林地流转方向都是从林业生产能力低的农户流向了林业生产能力高的农户。

③分地区回归。由于经济发展程度和地理因素的差异，林地流转市场在各地发展的发达程度各不相同，因此本书引入农户生产能力和地区虚拟变量的交互项，回归结果的得出再次检验了基准回归结论的稳健性。

④更换计量方法。通过运用 Double-Hurdle 模型，将农户是否流转和流转数量的决策视为先后发生的两个阶段，发现核心解释变量的估计符号在转入方程中与基准模型一样都为正数，在转出方程中与基准模型一样都为负数。上述两个系数在统计上都具有非常强的显著性，此结果的得出证实了基准模型实证结果的稳健性。

本章研究说明生产能力高的农户边际产出高，因而流入林地的需求大，而生产能力低的农户边际产出低，所以流入林地的需求小。分树种来看，经济林的林地流转比用材林的林地流转更为活跃，这使得经济林经营农户林业生产能力对林地流转的影响要大于用材林经营农户。此外，实证结果还显示，林地流转市场可以帮助缺乏林地的农户从林地富余的农户手中流转林地过来，使得林地市场的供求趋于均衡。

（3）为促进林地资源的优化配置，提高林业经营效益，政府应清理林地流转的障碍，以降低交易成本。为此，政府可以采取以下措施：

①建立林地流转市场的线上与线下交易市场，以降低交易双方的信息成本。

②健全林业资产评估体系和法律法规体系，以保证资产评估和林地流转交易的公平与公正。

③建立林地流转的政府监督机制，以降低林地流转交易的监督履约成本。

第5章　林地流转对农户劳动力资源配置的影响分析

　　林地流转能起到优化农户林地资源配置、改善林业经营绩效的积极作用。但是，由于中国的集体林权制度改革较晚，使得目前农村的林地流转市场还存在很多缺陷，林地流转的交易成本较高，这一较高的交易成本将会在一定程度上影响农村劳动力的外出务工与留守人员的林业劳动供给。因此，本章将以林地流转市场为研究主体，探讨其对农户家庭劳动力配置的影响。

　　本章将首先阐述目前林地流转与劳动力配置的研究现状，初步分析林地流转对农户劳动力配置的影响，然后从交易成本效应、规模经济效应和资源禀赋效应角度进行机理分析，并分别提出林地流转市场与劳动力资源配置之间的研究假设。为验证以上假设，本文将设置流转成本指数与流转规模指数两个核心解释变量，提出相应估计方法，进行实证分析。除了林地流转对外出务工影响，本文还将分析林地流转市场对林业劳动投入、老年人林业劳动时间占比、妇女劳动时间占比的影响。

5.1　引言

　　集体林权制度改革后，农户劳动力资源的配置必然会受林地资源重新配置的影响。林地流转是林地资源配置的重要手段之一，它对农户劳动力配置的影响主要体现在以下两方面：一是影响农户劳动力外出务工；二是影响农户留守人员林业劳动供给。本书的研究也将从这两个方面展开。

在土地流转对劳动力配置的影响方面，学者们普遍认为土地流转会释放更多的人口红利，从而促进劳动力的转移(孟令国和余水燕，2014；张永丽和梁顺强，2018)。土地对于农民而言，有重要的社会保障意义(姚洋，2004)。对于剩余劳动力的转移，落后的土地流转市场则会严重阻碍其进程(张笑寒和黄贤金，2003)。所以发展土地租赁市场，会增加劳动力转移的需求，也会促进劳动力的专业化分工，从而提高劳动力的配置效率(金松青和 Deininger，2004；刘颖和南志标，2019)。为此，张永丽和梁顺强(2018)测算了土地流转与劳动力流动的关系，发现土地流转面积每增加100亩，可以释放出11个农村剩余劳动力。而且，张会萍等(2015)还发现土地流转在促进农村已婚妇女的外出就业方面也发挥了较大作用。

其他的学者则从劳动力转移对土地流转的影响角度来进行研究。张璋和周海川(2017)认为由于非农工作相对农业生产，在收益上存在比较优势，所以农民的非农就业会促进土地流转。土地流转分为土地流入与土地流出两种类型，陈飞和翟伟娟(2015)、肖慧婷等(2019)等学者们发现，非农就业能在一定程度上促进土地流出，但在土地流入方面，非农就业会抑制其发展。与以上学者结论不同的是，张寒等(2018)在研究林地流转后发现，虽然非农就业会抑制林地流入，但对林地流出却没有显著影响。马会和吴云勇(2015)也发现目前农村中存在土地流转速度滞后于劳动力转移速度的现象。针对该现象，许庆和陆钰凤(2018)认为由于非农就业会削弱土地的社会保障功能，因此若非农就业的稳定性被忽略，那么对非农就业的影响就会被高估。此外，对于土地流转，劳动力转移所起到的效果要视情况而定。当农村有大量劳动力剩余时，或存在农户兼业行为的情况时，劳动力转移对土地流转的作用就不明显(王成军等，2012；苏群等，2016)。

根据以上学者的分析，可以得出，非农就业与土地流转与之间存在较强的双向因果关系（徐秀英等，2010；许恒周和郭玉燕，2011；钱龙和洪名勇，2016；柯水发和李周，2011；许凯和张升，2015），即劳动力配置与农户的土地流转行为存在相互影响关系。因此，本书参照田传浩和李明坤（2014）、陈媛媛和傅伟（2017）的方法，不分析土地流转行为对劳动力配置的影响，而是以村级林地流转市场为研究对象，来分析该市场对劳动力配置的影响。

从产权安全性而言，发育成熟的土地流转市场会增加农户在资源配置上的自主性，从而降低土地对劳动力的束缚（王晓兵等，2011）。从交易费用理论而言，土地流转市场越成熟，农户流转土地的交易成本就越低，也就越有利于劳动力的非农转移。陈媛媛和傅伟（2017）发现，土地流转市场成熟与否直接影响流转的交易成本，交易成本越高，就越不利于农户的外出务工。由于信息咨询、资产评估、法律保障等市场基础设施还不健全，使得农户参与林地流转市场交易存在着重重障碍，土地流转交易成本较高。土地流转的障碍体现在两个方面：一是有流转意愿的农户因找不到相应的交易对手而被排除在流转市场之外；二是已经实现土地流转的农户实际流转土地的数量比愿意流转的数量要小（王波等，2017；冉陆荣，2018；史常亮，2018）。从调查问卷的数据来看，在这两方面遇到障碍的农户不在少数，这说明当前的林地流转市场还远没有达到供需均衡，林地流转市场发育还不够成熟。综上所述，从林地流转市场发育的成熟度来分析其对劳动力配置的影响，具有一定的理论与现实基础。

从资源配置效率角度分析，林地流转市场发育完善的程度会影响农户劳动力配置的扭曲程度。发展滞后的林地流转市场将使有意愿流入林地的农户无法实现其流入林地的愿望，而有流出林地意愿的农户也不能实现林地的流出，这就不利于林地向高效率农户集中，农户也无法根据务工与务农的比较优势来合理分配劳动力，因此，发展滞后的流转市场会引起劳动力配置的扭曲，从而造成生产率的损失。

在分析土地流转对劳动力配置的影响时，目前学者们大多以外出务工（陈媛媛和傅伟，2017)、非农就业(田传浩和李明坤，2014)、劳动参与率和劳动供给时间(钱龙和洪名勇，2016)作为被解释变量，还有的学者将是否转移劳动力与劳动力转移程度作为被解释变量(孙小宇等，2019)。由于外出务工，林业劳动投入均包括在农户的劳动力配置中，因此本书将全面分析林地流转市场对于外出务工和林业劳动投入的影响。随着农村外出务工越来越普遍，目前农村人口出现了老龄化和女性化的现象，为此，本书也将老年人口和女性劳动力作为被解释变量来进行分析。

在研究林地流转对劳动力配置的影响时，目前学者们运用的方法主要有OLS、IV、Logistic、Probit、Tobit 等模型，以上方法各有缺陷，普遍都没有考虑因变量的非负整数性，因此，本书在研究林地流转市场对外出务工人数的影响时，将运用泊松模型(姚洋，2000 ; 史常亮，2018)。

5.2 机理分析与研究假设

农户的务农与外出务工行为是家庭联合决策的结果，因此本书主要分析家庭的劳动力配置。林地流转市场对农户劳动力配置的影响可以从交易成本效应、规模经济效应和资源禀赋效应来解释，其影响机理如图5-1所示。

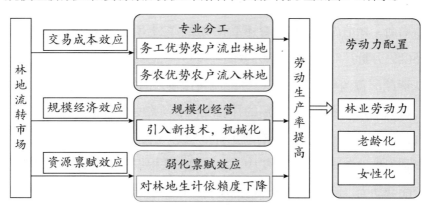

图 5-1 林地流转市场影响劳动力配置的机理

　　从林地流转的交易成本效应来分析，农户的外出务工与本地务农选择都与林地流转的交易成本有关。农户可以根据比较优势分为有务工优势的农户和有务农优势的农户。流出林地是有务工优势的农户的普遍选择，他们以外出务工的形式来增加家庭收入，由于外出务工的比较收益更好，所以这类农户通常会增加对外出务工人数，同时减少对林业的劳动力投入；而有务农优势的农户一般的选择是流入林地，以增加林地经营面积的形式使家庭收入增加，因此会提高对林业的劳动力投入。合理配置劳动力，是土地流转顺利进行的关键。而林地流转成本是影响土地流转能否顺利进行的重要因素，林地流转成本低，则林地流转的规模就大，因此对劳动力配置的影响就较明显（陈媛媛和傅伟，2017）。

　　成熟的林地流转市场能促进土地的流转，它能帮助有务工优势的农户顺利转出林地，也能帮助有务农优势的农户转入林地（田传浩和李明坤，2014）。但从目前来看，我国农村的林地流转市场还不完善，在信息咨询、资产评估等基础设施建设方面还比较落后，落后的基础设施建设导致了林地流转市场的交易成本偏高。在土地流转市场落后、交易成本过高的情况下，农户无法在务工与务农之间合理分配劳动力，从而扭曲了劳动力配置状态（张笑寒和黄贤金，2003）。所以劳动力合理配置需要一个成熟的土地流转市场，该市场越成熟，交易成本越低，也就越有利于农户劳动力资源的合理配置（张永丽和梁顺强；2018）。反之，农户的劳动力资源则会呈现配置扭曲现象。

　　从林地流转的规模经济效益角度分析，土地流转是促进农业规模化和现代化经营的基础。土地流转市场的成熟有利于降低土地的细碎化程度，这样农户可以集中土地从而发挥规模化经营的优势，并以引入新生产技术或提高机械化程度的手段来增加经济效益。简而言之，提高土地规模化经营程度会提高农户的劳动生产率，更多的农村劳动力又会因为劳动生产率的提高而被释放出来，释放的劳动力数量越多，劳动力向非农部门转移就越多。

　　从土地的资源禀赋效应分析，林地既是农户的生产资料，也是他们的养老保障。新一轮集体林权制度改革增加了林地产权的安全性和完整性，因此提升了林地的经营价值。林地经营价值的增加会使得林地流出方减少林地流出的概率和数量。同样，林地经营价值上升会使得林地流转价格上升，从而削弱潜在的林地流入方对林地流入的需求。但是，随着林地交易规模的日益增大，林地流转市场越来越成熟，而且林地流转有出租、转让、互换等多种方式，这就增加了农户的选择，农户可以自主地选择流转方式。因此，林地流转市场成熟度的提高弱化了林地的资源禀赋效应，降低了土地的社会保障作用，减少了农户对林地的生计依赖，有利于促进劳动力的转移。

综合以上交易成本效应、规模经济效益和土地资源禀赋效应，本书提出第一个假设：

假设1：林地流转市场发育程度越低，对农户外出务工的负面影响越大。

虽然林地流转政策已实施多年，但目前林地流转比例仍然较低，这反映林地流转市场还不成熟和林地流转交易成本过高的问题。在此情形下，农户无法灵活配置林地，有务工优势的农户不能流出林地，有务农优势的农户不能流入林地，从而造成单位土地面积上劳动力投入的过密化现象。所以，本书提出第二个假设：

假设2：林地流转市场发育程度越低，对农户林业劳动投入的正面影响越大。

伴随着城镇化与工业化并行的发展态势，农户外出务工的数量与日俱增，老龄化和女性化成为了农村留守劳动力的显著特点。由于老年人口和女性劳动力的生产效率都低于青壮年劳动力，因此这种现象不利于林业生产经营效率的提高。如果林地流转市场落后，林地流转交易成本较高，那么农户无法自由配置林地，在劳动力不足的情形下，为了维持林业生产经营，农户中的老年人口和女性人口就不得不增加林业劳动投入。因此，本书提出第三个假设：

假设3：林地流转市场发育程度越低，老年人林业劳动时间占比和女性劳动时间占比就越高。

5.3　方法与模型

5.3.1　变量设置与定义

(1) 被解释变量。本书主要研究分析林地流转市场对农户劳动力资源配置的影响。由于外出务工和在家务农是农户劳动力配置的两个重要方面,所以本书将从以上两个方面展开研究分析。

随着城市化的发展,农村劳动力选择外出务工已是当前中国农村家庭的普遍现象,因此本章的被解释变量选择了外出务工。本书对于外出务工的定义为:在外地从事农业或非农业且时间超过 180 天的农村劳动力(引自国家统计局)。由于在考察外出务工时,外出务工人数与外出务工劳动力占比是考察的两个方面,因此本书的实证分析也将外出务工人数与外出务工占比这两个因变量细分出来。

除外出务工的劳动力之外,农村还有大量留守人员,这些留守人员主要在本地从事农业生产。以前学者们对农业生产劳动力的考察多关注劳动参与率,但目前关注的重点逐渐转移到劳动供给时间上(钱龙和洪名勇,2016)。本书将主要关注林业劳动供给时间这个变量,以全面分析留守人员的林业劳动供给情况。

随着外出务工规模的增加,目前农村出现了老龄化和女性化的现象,所以本书的被解释变量将老年劳动力占比、女性劳动力占比作为新增加的两个被解释变量。目前对于老年劳动力的定义没有一个确切的标准,所以本书分别按大于 45 岁、大于 50 岁和大于 60 岁这三个标准来分析老年劳动力的配置。

(2) 核心解释变量。土地流转与劳动力配置存在双向因果关系,如果直接分析土地流转决策对劳动力配置的影响,则存在内生性问题(田传浩和李明坤,2014)。由于绝大多数的林地流转交易发生在村庄内部,跨村流转的数量占比较少,所以本书参照田传浩和李明坤(2014)、陈媛媛和傅伟(2017)、史常亮(2018)的处理方法，将村级林地流转市场作为分析对象，这样可以避免内生性问题。对于村级林地流转市场主要考察它的发育程度(金松青和 Deininger，2004)，如果土地流转市场发育滞后，农户在进行林地流转过程中障碍频现，则会不利于农户对劳动力的优化配置。因此，只有发育完全的市场，农户土地流入与土地流出的需求才容易满足，才好优化家庭劳动力的配置。

村级林地流转市场发育程度的衡量有多个标准，可以用流转期限来反映林地流转的质量(田传浩和李明坤，2014)，也可以用流转成本来反映林地流转的交易成本(陈媛媛和傅伟，2017；史常亮，2018)，还可以用流转的规模来反映流转市场的活跃程度(田传浩和李明坤，2014；徐志刚等，2017；陈媛媛和傅伟，2017)。由于流转成本与流转规模应用较为成熟，所以本书选择流转成本指数和流转规模指数，以分别从两个角度来分析林地流转市场对农户劳动力配置的影响。

流转成本指数反映村庄内未流转的农户中，有多少农户的流转需求未得到满足。该指数与林地流转成本呈正比例关系，即流转成本指数越大，林地流转成本越高，市场发育就越不完善。流转成本采用陈媛媛和傅伟(2017)、史常亮(2018)的方法，其公式为：

$$流转成本指数 = 想流转而未流转的农户数 / 村内未流转的农户数 \times 100\%$$

（5-1）

流转规模指数反映村内林地流转市场的活跃程度，即村内农户参与林地流转的比例。农户决策受市场环境影响较大，该指数数值越大，则说明流转市场越活跃，也就越能促进农户的林地流转行为。流转规模指数采用陈媛媛和傅伟(2017)的方法，其公式为：

$$流转成本指数 = 参与林地流转的农户数 / 村庄农户样本数 \times 100\%$$ （5-2）

(3)控制变量。在新劳动力迁移经济学中，劳动力配置方案由家庭成员联合决策做出，所以户主特征变量并不包括在本章的控制变量内。本章的三组控制变量分别是家庭特征变量、家庭社会特征变量以及村特征变量。这3类变量的定义为：

第一组变量为家庭特征变量，它由男性成员比例、平均年龄、平均受教育程度等3个变量共同构成。

①男性成员比例反映家庭成员的性别结构，由于中国农村有男主外、女主内的传统，而且男性劳动力在外出务工上更具优势，因此预计该变量数值（男性劳动力的数量）与家庭外出务工投入的劳动力呈正相关关系，即男性劳动力的数量越高，家庭外出务工投入的劳动力越多。

②家庭成员平均年龄反映出家庭的老龄化程度，平均年龄越高，则劳动力需要花更多时间来照顾老人，因而会使得外出务工的数量和时间都减少（钱龙，2017）。

③平均受教育程度可以反映家庭劳动力的素质，该指标数值越高，则农户外出务工的比较优势越大，因此会增加外出务工投入。

第二组变量为农户经济特征变量。这一组变量由家庭劳动力人数、人均承包林地面积、林业生产资料价值、抚养比和是否为党员干部户等5个变量共同构成。

①家庭劳动力数量。当家庭劳动力数量较少时，由于受劳动力的制约，农户不得不将有限的劳动力投入林业生产，这会抑制劳动力外出务工。拥有较多劳动力数量的家庭相应的劳动力剩余的情况就较严重，因此农户配置劳动力就会倾向于非农部门。

②人均承包林地面积。人均承包林地面积是农户外出务工决策的重要因素，当该变量数值较大时，农户家庭对林地的生计依赖度较大，这会抑制劳动力外出。

③林业生产资料价值。林业生产资料是辅助林业生产方面的重要工具，它可以起到节约劳动力的重要作用。因此，生产资料价值越大，则意味着农户的生产能力越高，这会释放出更多农村劳动力，让他们外出务工。

④抚养比。该变量反映家庭劳动力资源的多寡程度，抚养比越高，说明

农户家庭需要照顾的老人和小孩比例越多，农户劳动力外出务工的数量就会相应减少。

⑤是否党员干部户。党员干部户变量为虚拟变量，取值为1意味着如果农户家庭成员中有干部或党员，取值为0则代表既无干部也无党员。引入该变量的作用是考察农户政治身份对农户劳动力配置的影响作用。党员干部户变量对农户劳动力配置有两方面的影响：一方面，由于在农村的政治地位和经济地位比普通家庭高，所以乡村干部户外出务工的倾向较低(程名望和史清华，2010)。另一方面，由于乡村干部户在社会资源、信息获取等方面具有优势，因此获得非农就业机会比普通家庭更为容易。但由于难以确定这两方面影响的大小，所以该变量对劳动力配置的影响还有待验证。

第三组为村庄特征变量。它包括以下4个变量：

①雇工工资水平。在林地流转的背景下，林地经营规模日趋集中，经营林地的农户需要聘请更多的雇工，因此雇工工资水平直接关系到农户经营林地的效益。当林业生产的成本压力随着雇工工资的增长而越来越大，农户外出务工的意愿就越强烈。

②采伐申请难易程度。采伐申请难易度为农户主观判断的一个问题，本书设置它为一个虚拟变量，若农户回答容易则取值为1，较难则取值为0。采伐限额政策抑制了林木资产变现的能力，当采伐申请难度较大时，农户营林效益下降，风险也较大，外出务工便会成为农户偏爱的选择，从而林业劳动供给时间的下降成为必然结果。

③村庄人均收入。它会从两个方面影响劳动力配置：村庄人均收入越高，经济水平便越高，农户对林地的生计依赖程度就越低，因此外出务工会增加；收入越高越不想离家外出务工，从而投入更多劳动力到林业生产中，这会负面影响外出务工数量和时间。因此村庄人均收入对外出务工的影响并不确定，还需要加以实证检验。

④村庄交通条件。本书用村庄到最近乡镇的距离来表示该变量的取值。

村庄距离城镇越近，农户越容易获取劳动力市场的就业信息，农户面临的务工机会越多，务工效益便越好，同时农户会由于务工效益高于务农，而加大对外出务工的投入。

5.3.2　变量描述性统计

依据以上分析，将所有变量归纳如下，如表5-1所示。

基于表5-1的数据分析，样本农户中15岁以上的劳动力数为3.12人，其中平均约0.97个劳动力外出务工。从性别来看，在外出务工的劳动力中，女性仅占27%，这说明外出务工的劳动力以男性为主。对留守人员进行分析，平均每户家庭对林业的投工量为105.81个工日，总体投工量较大。在留守人员的林业劳动时间中，女性占比为48%，处于一个较高水平，说明在林业生产中，女性化的特点日渐突出。此外，50岁以上老年人口在林业劳动时间占比为63%，说明当前林业生产的显著特点是劳动力老龄化。在核心解释变量中，流转成本指数较高，说明在未流转的农户中，有31.47%想流转而未流转。从流转规模指数看，平均每个村庄有14.62%的农户参与了流转，说明现在林地流转规模还较小，没有达到政府预期。

控制变量中，家庭男性占比为52.90%，从人口结构来看，男性占多数。农户家庭劳动力的平均年龄为49.20岁，总体年龄较大。大多数劳动力的教育程度为初中水平(劳动力平均受教育年限为8.06年)。从劳动力数量上分析，平均规模在3.12人，说明劳动力人数较为富余。人均承包林地面积水平较高且达到10.72亩。林业生产资料价值为7 623.38元，反映农户所拥有的林业固定设施、生产机械等还处于较低水平。从抚养比来看，6岁以下小孩以及65岁以上老人占家庭人口的比重为17.93%，家庭总体负担处于合理水平。在样本农户中党员干部户的比重为22%，说明大多数家庭都为普通家庭。

从村特征变量看，雇工工资水平目前为142.67元 / (人 •d)，这与张寒等(2018)、刘明昕等(2018)的调查相比，工资水平较高，这一调查结果的偏差可能与调研的地域与年份不同有关。从采伐申请数据来看，大多数人认为目前采伐申请比较容易获批。村庄人均收入较高且平均为1.43万元。最近乡镇或县城与样本村的距离平均为7.85 km，可见总体交通条件较好。

表5-1　变量统计性描述

变量类型	变量名称	变量定义	均值	标准差
被解释变量	外出务工劳动力数量	外出劳动时间超过180 d的劳动力数／人	0.97	1.08
	外出务工劳动力占比	外出务工人数／劳动力人数	0.32	0.35
	外出劳动力中女性占比	女性外出劳动力／外出务工劳动力总数	0.27	0.37
	林业劳动供给时间	留守人员林业经营投工量／工日	105.81	17.49
	女性林业劳动时间占比	女性林业劳动力时间／家庭林业劳动总时间	0.48	0.30
	50岁以上老年人口林业劳动时间占比	50岁以上老年人口林业劳动时间／家庭林业劳动总时间	0.63	0.49
核心解释变量	林地流转市场发育指数	流转成本指数／%	31.47	18.59
		流转规模指数／%	14.62	13.52
家庭特征变量	家庭男性占比	家中男性成员／家庭总人口／%	52.90	11.88
	劳动力平均年龄	家庭劳动力平均年龄／岁	49.20	9.94
	劳动力平均教育水平	家庭劳动力在校年数平均值／a	8.06	2.67
家庭社会经济特征变量	劳动力数量	15岁以上劳动年龄人口数／人	3.12	1.23
	人均承包林地面积	承包林地面积／家庭总人口／（亩·人$^{-1}$）	10.72	26.42
	林业生产资料价值	年末拥有林业生产性资料价值／元	7 623.38	24 239.51
	抚养比	家庭6岁以下65岁及以上人口占比／%	17.93	29.32
	是否党员干部户	是=1，否=0	0.22	0.41
村庄特征变量	雇工工资	当地雇工平均工资／（元·人$^{-1}$·d^{-1}）	142.67	25.53
	采伐申请难易度	容易=1，难=0	0.65	0.46
	村庄人均收入	本村农户家庭人均收入／（万元·人$^{-1}$）	1.43	0.75
	村庄地理位置	村庄到最近乡镇或县城的距离／km	7.85	5.27

5.3.3　计量模型

为研究林地流转市场对农户劳动力外出务工和留守人员林业劳动供给的影响，本书设置模型如下：

$$Y_{ij} = \alpha + \beta Market_j + \varphi X_{ij} + \theta V_{ij} + \varepsilon_{ij} \qquad （5\text{-}3）$$

依据前文机理分析和变量设置内容，Y_{ij} 可以分别表示为：

(1)村庄 j 中第 i 个农户家庭的外出务工劳动力数量、外出务工劳动力占比、外出务工女性占比；

(2)村庄 j 中第 i 个农户家庭林业劳动投工量；

(3)村庄 j 中第 i 个农户家庭林业劳动投工量中50岁以上老年人口劳动时间占比；

(4)村庄 j 中第 i 个农户家庭林业劳动投工量中女性劳动时间占比。

核心解释变量为 $Market_{ij}$，即村庄 j 的流转市场发育程度。它有两个测量维度：一是以想参与而未参与林地流转的农户占未流转农户的比例来反映出林地流转交易成本的大小；二是通过已流转农户家庭数占样本农户数的比重来反映林地流转的活跃程度。

在控制变量中，X_{ij} 为家庭特征向量和社会经济特征向量；V_{ij} 为村级特征变量。模型后面的 ε_{ij} 是随机误差项。

当 Y_{ij} 为外出务工劳动力数量或林业劳动投工量时，由于它们都为不小于0的整数，采用 OLS 方法估计会有偏误问题，所以本书采用泊松模型（Possion）来进行估计参数（姚洋，2000；史常亮，2018）。泊松模型为第 i 个家庭中 Y_{ij} 个外出务工人员的概率：

$$\mathrm{Pr}ob(Y_{ij}\big|Z_i;\lambda_i) = \frac{\mathrm{e}^{-\lambda_i}\lambda_i^{Y_{ij}}}{Y_{ij}!}, Y_{ij} = 0,1,2\cdots \qquad （5\text{-}4）$$

式中：λ_i 为外出务工的劳动力数量 Y_{ij} 的均值，λ_i 由村庄林地流转市场发育程度 $Market_{ij}$、家庭特征变量 X_{ij}、村庄特征变量 V_j 决定。为使泊松极大似然函数最大化，本书对模型(5-4)采用准极大似然法进行估计。由于 $Market_{ij}$ 是基于村庄层面的评价，所以本书使用村庄聚类稳健标准误。

当 Y_{ij} 为外出务工劳动力占比、外出务工中女性劳动力占比、林业劳动中老年人口劳动时间占比时，由于因变量取值范围为 [0, 1]，所以本书采用 Fractional Logit 模型进行估计（Papke，1996；史常亮，2018），它可以包括取值为 0 或 1 的两种极端情形。该模型形式如下：

$$E(Y_{ij}|Z_i) = G(\alpha + \beta Market_j + \varphi X_{ij} + \theta V_j) \tag{5-5}$$

式中：Y_{ij} 表示农户 i 家庭外出务工劳动力占比、外出务工劳动力中女性占比、林业劳动中老年人口劳动时间占比；Z_i 包括了核心解释变量和其他控制变量；$0 < G(\cdot) < 1$，且满足 Logistic 分布的累积分布函数形式：

$$E(Y_{ij}|Z_i) = \frac{\exp(\alpha + \beta Market_j + \varphi X_{ij} + \theta V_j)}{1 + \exp(\alpha + \beta Market_j + \varphi X_{ij} + \theta V_j)} \tag{5-6}$$

式（5-6）使用准极大似然法（QML）进行估计，且该模型采取村庄聚类稳健标准误。

尽管以上模型考虑了家庭特征、村庄特征等对农户劳动力配置的影响，但在变量设置方面可能存在遗漏变量问题。此外，林地流转市场发育与农户劳动力配置决策可能互为因果关系，即外出务工或林业劳动供给决策可能会影响林地流转市场的发育，亦有可能导致模型内生性问题。工具变量法（IV）能够很好地解决该问题，为此，陈媛媛和傅伟（2017）运用"村庄第一大姓与第二大姓人口比例之差"作为土地流转成本指数和流转规模指数的工具变量。由于本书没有获取村庄姓氏人口方面的数据，所以本书参考徐志刚等（2017）的方法，即用"农地流转审批"作为村庄土地流转市场的工具变量来分析该市场对劳动力配置的影响。由于该变量会显著影响村庄的土地流转，而且有较好的外生性，所以它符合工具变量的要求。史常亮（2018）沿用该方法后取得了较好的效果，所以本书用"村庄对林地流转的限制"作为工具变量，来描述林地流转市场发育程度。村庄对林地流转的限制会提高林地流转成本，所以会影响农户的劳动力配置决策，同时，该变量又与农户个体行为无关，满足外生性要求，因此使用该工具变量存在一定的合理性。本书将进行 Hausman 检验来判断模型是否存在内生性以及工具变量法是否有需要。

5.4　实证结果分析

农户劳动力的配置包括外出务工和林业劳动两个决策，本书研究林地流转市场对劳动力配置的影响也将从这两个方面分别展开。

5.4.1　林地流转市场与劳动力外出务工

5.4.1.1　林地流转市场与农户外出务工的基准回归

本部分设置了两个被解释变量：一是外出务工人数；二是外出务工劳动力占家庭劳动力的比重。在估计参数时，外出务工人数为非负整数值，所以选用泊松回归模型。在估计外出务工劳动力占比时，由于因变量取值范围为 [0, 1]，所以本书采用 Fractional Logit 模型进行估计（Papke，1996；史常亮，2018）。估计结果如表 5-2 所示。

表 5-2　林地流转市场与家庭劳动力外出务工

解释变量	外出务工人数（Poisson）		外出务工占比（Fractional logit）	
核心变量				
林地流转成本指数	−0.004***（0.001）		−0.061***（0.019）	
林地流转规模指数	0.005**（0.002）		0.065**（0.028）	
控制变量				
家庭男性比	0.005	0.003	0.021	0.027
	（0.004）	（0.003）	（0.018）	（0.019）
劳动力平均年龄（对数）	30.562***	31.476***	8.539***	7.473***
	（7.673）	（6.849）	（2.793）	（1.653）
劳动力平均年龄平方（对数）	−5.637***	−5.783***	−3.439***	−3.572**
	（0.534）	（0.692）	（0.675）	（0.869）*

表 5-2（续）

解释变量	外出务工人数（Poisson）		外出务工占比（Fractional logit）	
劳动力平均教育水平	0.012*	0.015**	0.024**	0.028**
	（0.007）	（0.008）	（0.011）	（0.013）
劳动力数量	0.275***	0.284***	0.378***	0.355***
	（0.064）	（0.079）	（0.143）	（0.132）
人均承包林地面积（对数）	−0.216***	−0.205***	−0.261***	−0.284***
	（0.064）	（0.066）	（0.077）	（0.069）
林业生产资料价值	0.007	0.008	0.013	0.017
	（0.006）	（0.008）	（0.015）	（0.012）
抚养比	−0.002	−0.004	−0.009	−0.013
	（0.003）	（0.003）	（0.007）	（0.009）
是否党员干部户	−0.079**	−0.083**	−0.095**	−0.117*
	（0.047）	（0.041）	（0.040）	（0.066）
雇工工资	−0.093**	−0.096**	−0.106**	−0.113**
	（0.047）	（0.052）	（0.062）	（0.063）
采伐申请难易度	−0.015***	−0.017***	−0.021***	−0.027***
	（0.005）	（0.004）	（0.007）	（0.008）
村庄人均收入（对数）	−0.213***	−0.204***	−0.411***	−0.473***
	（0.063）	（0.071）	（0.139）	（0.164）
村庄地理位置（对数）	0.010	0.008	0.013	0.017
	（0.013）	（0.010）	（0.015）	（0.018）
省份虚拟变量	已控制	已控制	已控制	已控制
（Pseudo）R^2	0.275 2	0.290 2	0.317 5	0.328 4
观测值	6 975	6 975	6 975	6 975

注：*、**、***分别表示在 10%、5%、1% 的显著性水平上显著，（）为异方差稳健的标准误。

泊松回归的边际效应如表 5-2 的第（1）、（2）列所示。泊松分布要求它的期望等于方差，即被解释变量具有均匀离散性质，然而本书中外出务工人数的方差（1.08）大于均值（0.97），说明存在一定的离散特征。为检验过度离散问题，本书运用 LR 检验，检验发现在 10% 的显著性水平下 "$\alpha = 0$" 的原假设无法被拒绝，说明泊松回归模型契合本书的研究。此外，本书样本中 0 值占比过高（53.39%），可能存在 "零膨胀" 问题。为此，本书通过 Vuong 统计量检验，发现 p 值不显著，因此拒绝零膨胀模型。由于外出务工规模还可以由外出务工劳动力占比来反映，所以本书运用 Fractional logit 模型分析了林地流转成本指数和林地流转规模指数对它的影响，并将其边际效应报告在第（3）、（4）列。

从核心解释变量来看，林地流转成本指数无论是对劳动力外出务工人数还是对外出务工劳动力占比都有负面影响，且在 1% 的水平上显著，这说明交易成本是影响农户优化劳动力配置的一个重要阻碍因素。当林地流转成本指数从 0 上升到 100% 时，农户外出务工数量会减少 0.4 人，占外出务工人数的比重为 41.2%（0.4/0.97）。在外出务工人数和外出务工劳动力占比方面，林地流转规模指数都对其起有正向的影响，并且都在 5% 的水平上显著，这表示：林地流转交易越活跃，农户外出务工的人数和外出务工的比例上升越明显。林地流转规模越大，林地的资源禀赋效应就越低，有务工优势的农户就更容易流出林地，从而投入更多劳动力到非农部门中。综合以上分析，林地流转市场的发育程度对劳动力外出务工有正面促进作用，因此该结论证实了假设 1 的正确性。

在家庭特征变量中，家庭男性占比对于外出务工和外出务工劳动力占比的影响并不显著，说明男性与女性成员在外出务工上差异不大，所以，与前文预计的方向相反。家庭性别结构并不是影响外出务工的重要因素。上一章分析农户生产能力对林地流转决策的影响时，引入了年龄的平方项，本章也同样引入年龄的平方项。结果表明，劳动力平均年龄与外出务工之间的呈现倒 "U" 形的关系，说明随着年龄日渐增长，外出务工人数首先会上升，但是一旦越过某个拐点，外出务工人数便会下降。劳动力平均教育水平对于外出务工有显著的正向影响，即劳动力平均教育水平越高，外出务工和外出务工劳动力占比就越大，这是因为劳动力受教育程度越高就越容易接受新技术和新知识，劳动力拥有知识和技能越多，外出务工的人数和比例便会越高。

在家庭社会经济特征变量中，劳动力数量对外出务工和外出务工劳动力占比这两项上的影响是正向的，且正向影响在1%的水平上显著，表明劳动力数量越多，相应的家庭剩余的劳动力也越多，此时，若家庭成员的就业要求无法被林业满足时，外出务工便会成为富余劳动力的重要选择。此外，家庭存在富余的劳动力说明家庭抚养小孩和赡养老人的负担轻，由于家庭束缚的压力小，所以劳动力的数量越多就越倾向于外出务工。

从人均承包林地面积来看，其对农户外出务工和外出务工劳动力占比有负向影响且较为显著。因为，农户对林业的依赖程度与人均承包林地面积正相关，所以，在林地资源禀赋效应作用下，林地的养老保障作用得到农户进一步的重视。此外，从机会成本角度看，人均承包林地面积越大，农户放弃从事林业生产而选择外出务工的机会成本也越大，所以，人均承包林地面积的越大，更多农户会选择从事林业经营，此时，农户外出务工和外出务工劳动力占比这两个变量将会变小。从林业生产资料价值来看，它对农户的外出务工没有显著影响，这与前文预计相反。这可能与农户目前的林业生产资料价值都较低有关，也就是说，虽然林业生产资料对于外出务工有正向的影响，但目前的林业生产资料价值水平还不足以将更多劳动力从林业生产中释放出来，所以对于农户外出务工人数和外出务工劳动力占比而言，林业生产资料带来的影响并不显著。从家庭抚养比来看，它对农户劳动力的外出务工人数和外出务工劳动力占比都有负面影响，虽然该结果符合预期但影响并不显著。是否为党员干部户对外出务工有负向影响，并且具有较强的显著性，这说明党员干部农户因为行政工作繁忙或是受到其他村集体事务的牵绊，会减少外出工作，从而使得这类家庭外出务工人数和外出务工劳动力占比都会有所降低。

在村特征变量中，雇工工资对农户的外出务工有负向影响，并且显著性水平为5%，这与预期方向相反。外出务工虽然名义收入较高，但在扣除诸多隐形成本，如交通、租房等成本后，相对于务农的比较收益就会缩小很多。由于雇工工资反映了本地的工资水平，雇工工资越高，则劳动力就越可能选择本地就业，因此外出务工的人数和数量都会下降。采伐申请难易程度对于农户外出务工有着负向影响，并在1%的水平上显著。能否顺利获得林业部门的采伐审批关系到农户对林木财产变现的能力，采伐申请获批的难易程度与林农变现可能性的高低同向变化，而变现能力的提高会相应增加林业经营的吸引力，农户即会投入更多劳动力到林业生产中，这对农户家庭的外出务工人数和外出务工劳动力占比有负向作用。村庄人均收入水平对外出务工产生显著的负向影响，表明村庄经济发展水平越高，农户本地就业的收入就越高，因此外出务工的意愿就越不强烈。村庄地理条件对外出务工的影响不显著，这是因为目前农村交通条件由于"村村通"等工程而得到大幅改善，主干道路都已通过水泥硬化改进了交通条件，所以交通条件对于农户劳动力配置的影响已不显著。

5.4.1.2　控制内生性

变量遗漏问题的存在可能使得模型存在内生性。Hausman 检验和异方差稳健的 Durbin-Wu-Hausman 内生性检验拒绝了"所有解释变量均为外生变量"的原假设，所以本书认为林地流转市场存在内生性问题，需要采用工具变量法来消除内生性对估计结果造成的偏误。

在工具变量的选取上，陈媛媛和傅伟(2017)将林地流转市场发育程度的工具变量选择为"村庄第一大姓与第二大姓人口比例之差"。本书决定选用"村里对林地流转的限制"作为工具变量，该方法参考了徐志刚等(2017)、史常亮(2018)等学者的研究。"村里对林地流转的限制"数值越大意味着流转的限制越严。由于该变量对外出务工有影响但与农户个体无关，所以满足工具变量要求。

本书决定采用常用的 2SLS 方法分两步进行估计，回归结果如表 5-3 所示。

表 5-3　工具变量法回归结果

回归 A	外出务工人数			
	IV	First Stage	IV	First Stage
核心变量				
林地流转成本指数	−0.012*** （0.003）			
林地流转规模指数			0.015*** （0.004）	
村里对林地流转的限制		0.153*** （0.036）		−0.171*** （0.049）
控制变量	已控制	已控制	已控制	已控制
省份虚拟变量	已控制	已控制	已控制	已控制
Kleibergen-Paaprk LM 值	9.733***		10.598***	
Kleibergen-Paaprk Wald F 值	21.782		23.446	
Ajusted R -squared	0.285	0.871	0.297	0.862
观测值	6 975	6 975	6 975	6 975
回归 B	外出务工劳动力占比			
	IV	First Stage	IV	First Stage
核心变量				
林地流转成本指数	−0.165*** （0.048）			
林地流转规模指数			0.167*** （0.053）	
村里对林地流转的限制		0.163*** （0.046）		−0.178*** （0.054）
控制变量	已控制	已控制	已控制	已控制
省份虚拟变量	已控制	已控制	已控制	已控制
Kleibergen-Paaprk LM 值	9.711***		11.875***	
Kleibergen-Paaprk Wald F 值	19.856		20.682	
Ajusted R -squared	0.339	0.881	0.362	0.855
观测值	6 975	6 975	6 975	6 975

　　注：*、**、***分别表示在10%、5%、1%的显著性水平上显著，（ ）为异方差稳健的标准误。

表 5-3 所示的结果显示,在控制内生性问题后,各核心解释变量对外出务工人数和外出务工劳动力占比的影响仍然与基准回归结果大致相同,说明:林地流转成本指数与外出务工人数和外出务工劳动力占比之间是负相关关系,林地规模指数与外出务工人数和外出务工劳动力占比之间是正相关关系。而且,由表中数据可知,弱工具变量问题不存在,因为各组回归中 Kleibergen-Paap rank LM 值和 Wald F 值都已通过工具变量的有效性检验。

工具变量被引入后,林地流转成本指数的系数都增大,都在1%水平上显著,说明林地流转成本上升确实会对农户外出务工有较大的抑制作用。从林地流转成本指数来看,当该指数从0上升到100%时,农户外出务工人数会下降1.2人(基准模型中林地流转成本指数的边际效应为 -0.4 人),如果以100户的村庄计算,则该村外出务工人数将下降120人。该结果显示,不能忽略内生性问题。

此外,在工具变量被引入后,林地流转规模指数的系数也随之增大,且显著性水平为1%,说明对于农户的外出务工行为,林地流转规模指数的上升在其中起到了促进作用。从林地流转规模指数看,当指数从0上升到100%时,农户外出务工人数会增加1.5人(基准模型中林地流转规模指数的边际效应为0.5人)。该结果说明忽略内生性问题会严重低估林地流转市场交易规模对农户外出务工的促进作用。

5.4.1.3　外出务工性别差异分析

农户在林地转出后,可以赚取一定的转让租金,也不用担心土地撂荒问题,所以能安心外出务工。但交易成本在林地流转市场的存在,就为林地的流转制造了障碍,为此,农户不得不将部分劳动力配置于林业生产中。在传统的男主外女主内的思维下,并综合男性劳动力的生产率普遍高于女性劳动力的客观事实,大多农户家庭的男性劳动力选择外出务工而安排女性留在家里从事林业劳动。为验证以上结论,本书先后引入了外出务工劳动力女性占比、至少一个男性外出、至少一个女性外出等三个因变量。回归结果如表 5-4 所示。

表 5-4　林地流转市场对劳动力外出务工性别结构的影响

	外出务工劳动力中女性占比		至少一个男性外出	至少一个女性外出
	IV	First Stage	IV-Probit	IV-Probit
林地流转成本指数	−0.004*** （0.001）		−0.011 （0.009）	−0.026*** （0.007）
村里对林地流转限制		0.162*** （0.055）		
控制变量	已控制	已控制	已控制	已控制
省份虚拟变量	已控制	已控制	已控制	已控制
Kleibergen-Paap rk LM 值	9.542***			
Kleibergen-Paap rk Wald F 值	26.327			
Ajusted R -squared	0.274	0.865		
观测值	6 975	6 975	6 975	6 975

注：*、**、*** 分别表示在 10%、5%、1% 的显著性水平上显著，（ ）为异方差稳健的标准误。

　　由表 5-4 所示的结果可以看出，相对于男性，女性更易受林地流转交易成本的影响，这个结果证明了前文推论的正确性。一般而言，女性劳动力外出务工受林地流转交易成本的影响有以下几点原因：其一是男性劳动力的生产能力高于女性，因此外出务工的收入水平也会高于女性，这会使得女性更容易留在家里；其二是由于要抚养小孩和赡养老人，使得农户必须配置部分劳动力在家，又由于传统观念的影响，一般会安排女性劳动力在家里。

　　为对以上结论进行稳健性检验，本书通过至少一个男性外出和至少一个女性外出来对林地流转成本指数进行回归，由于这两个被解释变量是二值变量，因此对其进行外生性检验。检验结果显示，在 10% 的显著性水平上，Wald 值拒绝了变量外生性的原假设，因此本书采用工具变量 IV-Probit 模型进行估计。IV-Probit 模型估计结果如表 5-4 最后两列所示，林地流转成本指数对至少一个男性外出的影响不显著，而在对至少一个女性外出的影响中起了较大作用，并且在 1% 的显著性水平上显著，说明男性外出务工受林地流转成本指数影响较小，而女性外出务工则更容易受林地流转成本指数的影响，这个结果验证了 2SLS 结论的稳健性。

5.4.2　林地流转市场与林业劳动力供给

以上内容主要是分析对于农户劳动力外出务二，林地流转市场在其中产生的影响。林地流转交易成本虽然会抑制农户家庭的劳动力外出务工，但它不一定会导致农户劳动力配置的扭曲。尽管大多数家庭选择外出务工，但仍有部分具有务农优势的农户选择流入林地，且在林地经营规模扩大后，农户会将更多劳动力配置到林业生产中。从上可见，林地流转市场对农户劳动力配置的影响是复杂的，仅仅分析该市场对农户外出务工的影响还不够全面。所以本部分将主要从林地流转市场给农户林业劳动供给所带来的影响角度进行分析。此外，针对目前农村中留守人员女性化和老龄化现象，本书还分析了林地流转市场对林业劳动中女性投入占比和老年人投入占比的影响。

5.4.2.1　林地流转市场与林业劳动投工量

林地流转市场发育程度用林地流转成本指数和林地流转规模指数来衡量，家庭林业劳动供给可以用劳动投工量来表示。林业劳动投工量对林地流转市场的回归基于式（5-3），采用 Tobit 删截回归模型是因为因变量为不小于 0 的数据，回归结果如表 5-5 所示。

表 5-5 的回归结果显示，林地流转成本指数对留守人员的林业劳动供给有正向影响，且显著性水平为 1%，这是因为林地流转成本越高，林地越难流转出去，尽管边际产出较低，但农户也不得不将富余的劳动力投入到林业生产中，从而形成过密化小农现象，这与恰亚诺夫的组织 - 生产理论以及黄宗智过密化小农理论相符。因此，降低林地流转的交易成本，有利于降低农户的非理性投入，也有利于缓解林业生产中劳动力投入过密的问题。林地流转规模指数对留

守人员的林业劳动投工量起到的负向影响十分显著:林业流转市场交易量越大,说明林地流转市场发育程度越高,这就越有利于释放劳动力,从而减少农户的林业劳动投入。综合以上分析,林地流转市场发育程度越低,农户的林业劳动投入越高,这验证了假设2的正确性。

表5-5 林地流转市场对林业劳动投工量的影响

解释变量		林业劳动投工量	
核心解释变量	林地流转成本指数	0.036*** (0.011)	
	林地流转规模指数		−0.043*** (0.015)
家庭特征	家庭男性比	0.452*** (0.127)	0.571*** (0.141)
	劳动力平均年龄	0.335*** (0.109)	0.462*** (0.149)
	劳动力平均年龄平方(对数)	−0.005*** (0.001)	−0.003*** (0.000)
	劳动力平均教育水平	−0.004 (0.015)	−0.006 (0.009)
家庭社会经济特征	劳动力数量	−0.885*** (0.177)	−0.826*** (0.146)
	人均承包林地面积(对数)	0.029*** (0.009)	0.034*** (0.011)
	林业生产资料价值	0.224*** (0.043)	0.253*** (0.115)
	抚养比	0.254*** (0.081)	0.273*** (0.092)
	是否党员干部户	−0.309** (0.126)	−0.341* (0.193)
村庄特征	雇工工资	0.347 (0.219)	0.388 (0.298)
	采伐申请难易度	0.472*** (0.112)	0.652** (0.298)

表 5-5（续）

解释变量		林业劳动投工量	
村庄特征	村庄人均收入（对数）	−0.301* （0.163）	−0.326* （0.179）
	村庄地理位置（对数）	−0.073 （0.829）	−0.085 （0.751）
省份变量	省份虚拟变量	已控制	已控制
观测值		6 975	6 975

注：*、**、*** 分别表示在 10%、5%、1% 的显著性水平上显著，（ ）为村级聚类稳健标准误。

在控制变量中，家庭男性比对林业劳动投工量有积极影响，家庭男性占比越高，则劳动力投入林业生产的可能性也就越高。林业劳动供给受家庭劳动力平均年龄影响较大，且林业劳动供给随劳动力平均年龄增长而增长，但一旦越过某个拐点，则会负向影响农户家庭的林业投工量。林业劳动投工量受家庭劳动力平均教育水平的负向影响，但影响并不显著，表明林业劳动供给与平均教育水平关系很小。

家庭特征方面，劳动力数量对林业劳动的供给有负向影响（显著性水平为1%），即劳动力数量与留守人员的劳动投工量呈反比，这与杨志海等（2015）的结论一致。对于林业劳动供给，人均承包林地面积在其中产生了显著的正向影响，说明留守人员的负担压力随着人均林地面积的增加而变重，因此不得不投入更多劳动力到林业生产中。对于林业劳动供给，林业生产资料价值在其中产生了显著的正向影响。虽然生产资料越多，节省的劳动力越多，但农户的生产能力会随生产资料的增多而增强，也就越能刺激农户的林业劳动力投入（Chang 等，2011）。此外，钱龙（2017）认为，这种正相关关系可能与农业机械大多属于小型机械有关，小型机械的自动化程度不高，它与劳动力是一种互补的投入关系，因此机械越多需要的劳动人手也就越多。从抚养比来看，抚养比数值越高，留守人员的林业劳动投入水平越高，该影响在1%的水平上显著。

农户家庭中老人和小孩的数量越多，家庭抚养的责任越重，为了兼顾收入和抚养老幼，农户会增加对林业的劳动投入。是否为党员干部户对林业生产的影响为负，且在10%的水平上显著，这可能与党员干部户要集中一部分精力到村集体事务有关，而且党员干部户通常有一部分工资收入，他们对林业的生计依赖度低，所以该变量与林业劳动投工量负相关。

村庄特征方面，雇工工资水平对林业劳动供给有正向影响，说明雇工工资越高，从外部雇佣劳动力就越不划算，所以留守人员会为了节省雇工费用，而在林业生产过程中投入更多的家庭劳动力，但这一影响的作用并不显著，可能与林业生产雇工行为较少有关。采伐申请难易度对林业劳动供给有积极的正向影响，且在1%的水平上显著，说明农户的林业劳动投入热情会随林木采伐申请难度下降而高涨，因此林业劳动投工量会相应增加。村庄人均收入与林业劳动供给呈反比，即村庄人均收入越高，林业劳动供给越低，该影响在10%的水平上显著。由于林业劳动工作强度大，工作环境差，所以村庄人均收入越高，越不愿意增加劳动投入。村庄交通条件对林业劳动供给的影响不显著，这与近些年村庄道路条件普遍得到大幅提升有关。

5.4.2.2　林业劳动投入性别差异分析

针对农村留守人员女性化的特点，本书分析了林地流转市场发育程度对女性林业劳动时间占比的影响。由于女性林业劳动时间占比为不小于0的非负整数，所以本书用 Tobit 删截模型进行回归。各参数估计结果如表5-6所示。

从表5-6所示的数据可以看出，林地流转成本指数对女性劳动时间占比有正向影响。林地流转成本越高，林地流转障碍越多，农户无法灵活配置土地，所以在男性劳动力选择外出务工时，会使得留守女性增加劳动力投入以维持正常的林业生产。此外，在前文分析外出务工性别差异时，林地流转成本指数对女性外出务工的负面影响更大，所以女性为了提高就业，只能选择增加劳动投入以增加家庭收入。

表 5-6　林地流转市场对女性林业劳动时间占比的影响

变量类型	女性林业劳动时间占比	
林地流转成本指数	0.039**	
	（0.019）	
林地流转规模指数		−0.046**
		（0.022）
控制变量	已控制	已控制
常　数	已控制	已控制
sigma	5.703***	5.305***
	（0.234）	（0.191）
观测值	6 975	6 975

注：*、**、*** 分别表示在 10%、5%、1% 的显著性水平上显著，（ ）为村级聚类稳健标准误。

林地流转规模指数与女性林业劳动时间负相关。林地流转规模指数与市场交易活跃程度有关，市场越活跃，林地流转量就越大，农户可以通过林地流转来重新配置林地和劳动力，因此女性林业劳动时间占比就越低。综合以上分析，林地流转市场发育程度越低，女性林业劳动时间占比就越高，该结论证明了假设 3 的正确性。

5.4.2.3　林业劳动投入老年群体分析

随着农村中劳动力外出务工人数的增加，农村留守人员呈现老龄化的特点，且这一特点越来越明显。青壮年劳动力的外出务工，使得家庭老年人口为了弥补劳动力的流失而不得不增加林业劳动投入，以避免林业收入的下降。对于该推断的验证需要基于实证模型，由于老年人林业劳动占比是非负整数，所以本书用 Tobit 删截回归模型进行检验。由于对于老年人的标准还存在争议，联合国劳工组织认为 45 岁以上个体即为老年人口，白南生等（2007）、Chang 等（2011）将 50 岁以上个体定义为老年人口，周春芳（2012）将 60 岁以上界定为老年人口。因此，为使实证结果具有较强的稳健性，本部分的因变量将分别使用以上三个标准。回归结果如表 5-7 所示。

表 5-7　林地流转市场对老年人口林业劳动投入占比的影响

	大于 45 岁样本		大于 50 岁样本		大于 60 岁样本	
林地流转成本指数	0.067*** （0.021）		0.073*** （0.025）		0.047** （0.019）	
林地流转规模指数		−0.051** （0.023）		−0.065*** （0.020）		−0.041** （0.023）
控制变量	已控制	已控制	已控制	已控制	已控制	已控制
省域虚拟变量	已控制	已控制	已控制	已控制	已控制	已控制
观测值	6 97 5		6 97 5		6 97 5	

注：*、**、*** 分别表示在 10%、5%、1% 的显著性水平上显著，（）为异方差稳健的标准误。

从表 5-7 所示的数据可以看出，林地流转成本指数对大于 45 岁、大于 50 岁、大于 60 岁三类样本农户林业劳动投入占比都有正向影响，其中对前两类样本影响的显著性水平都为 1%，对大于 60 岁样本影响的显著性水平为 5%。这说明林地流转成本越高，林地流转越困难，在农村劳动力大多选择外出务工的背景下，为了维持林业生产的正常经营，农户老年人口不得不增加劳动投入。史常亮（2018）认为由于土地制度不完善，导致土地流转存在配给现象，因此在土地无法灵活配置的情况下，老龄化现象成为农村的必然趋势。

从林地流转规模指数来看，对于三类样本农户林业劳动投入占比的影响都是显著为负，说明村庄林地流转交易规模越大，林地流转越容易，在青壮年劳动力外出务工导致家庭劳动力流失时，农户会倾向于通过林地流转来减少林业经营规模，以减少劳动投入，从而降低老年人口的林业劳动投入占比。综合以上分析，林地流转市场发育程度越低，农户劳动力中老年人的林业劳动时间占比就越高，这验证了假设 3 的正确性。

5.5　本章小结

大量学者在研究土地流转与农户劳动力配置时，都得到了互为因果的结论，本书为了消除内生性，将林地流转市场作为研究主体来研究其对劳动力配置的影响。林地流转市场的发育程度有多种度量方式，本书设置了林地流转成本指数与林地流转规模指数两个变量，分别反映了林地流转的交易成本和林地流转的活跃程度。由于农户的劳动力配置既包括外出务工，也包括林业劳动供给，因此，本书分别研究了林地流转市场发育程度对外出务工人数、外出务工劳动力占比的影响，还研究了林地流转市场发育程度对留守人员林业劳动投工量、女性劳动时间占比、老年人口林业劳动时间占比的影响。

通过以上分析，本书取得以下结论：

(1)从林地流转市场对农户外出务工的影响可见，对于劳动力外出务工人数和外出务工劳动力占比，林地流转成本指数均在其中产生了显著的负向影响。这说明影响农户优化劳动力配置的因素中，交易成本是一个具有重要阻碍性质的因素。当林地流转成本指数从0上升到100%时，农户外出务工数量会减少0.4人，占外出务工人数的比重为41.2%。对于外出务工人数和外出务工劳动力占比，林地流转规模指数都产生了正向影响，并且显著性水平为5%，这表示农户外出务工的人数和比例都会随着林地流转交易的活跃而上升。由于可能存在内生性问题，因此本书引入了"村里对林地流转限制"作为村庄林地流转市场发育程度的工具变量，回归结果显示林地流转市场成本指数对劳动力外出务工的抑制效应仍然存在，并且系数还较基准模型估计的结果增大了。

此外，通过对外出务工性别差异的分析，发现林地流转成本指数对至少一个男性外出的影响不显著，说明男性外出受林地流转成本指数的影响较小。而林地流转指数对至少一个女性外出有显著影响，说明女性更容易受林地流转成本指数的影响。

(2)通过对农户留守劳动力的分析，本书发现林地流转成本指数对留守人员的林业劳动供给有显著的正向影响，这是因为林地流转成本越高，林地越难流转出去，尽管边际产出较低，但农户也不得不将富余的劳动力投入到林业生产中，从而形成过密化小农现象，这与恰亚诺夫的组织 - 生产理论以及黄宗智的过密化小农理论相符。因此，降低林地流转的交易成本，有利于降低农户的非理性投入，也有利于缓解林业生产中劳动力过密的问题。从影响来看，林业流转市场规模指数对留守人员的林业劳动投工量具有负向影响，且影响显著。林业流转市场交易规模越大，越有利于释放劳动力，从而减少农户的林业劳动投入。

(3) 农村留守人员女性化和老龄化的特点随着农村中劳动力外出务工人数的增加而越来越明显。为此，本书分别考察了林地流转市场对女性林业劳动时间占比和老年人口林业劳动时间占比的影响，并发现林地流转成本指数对于女性林业劳动时间占比的正向影响十分显著。以大于45岁、大于50岁、大于60岁为标准，老年人口被划分为三类样本后，发现林地流转市场成本指数对于老年人林业劳动投入占比有显著的正向影响，这说明林地流转随着成本越高而变得越来越困难，在农村劳动力大多选择外出务工的背景下，为了维持林业生产，农户老年人口不得不增加劳动投入，以维持林业生产的正常经营。

综上所述，交易成本是影响劳动力外出务工和劳动力过密化投入的重要因素，因此，政府应采取积极措施，以降低交易成本，促进劳动力的专业分工：

①加强林地流转基础配套体系的建设，如林地流转的线上与线下交易市场、森林资产评估体系和法律法规体系、林地流转的政府监督机制等，以降低交易双方的信息成本。

②加强农村的社会保障体系制度建设，如养老保险制度和失业保障制度等，这样才能降低林地的禀赋效应，减小农户的后顾之忧，活跃林地流转市场。

③应当建立农民职业培训体系，提高农户适应新知识新技术的能力，以促进社会分工和劳动力的优化配置。

第6章 林地流转对农户生产性资金资源配置的影响分析

随着林地流转交易规模的逐渐增加，农户实际经营的林地面积也发生了较大变化，因此林地流转会对农户生产性资金的配置产生重要影响。这种影响不仅体现在投入资金的数量上，同时也深层次地体现在投入资金的结构上。因此，本章将研究以下两个问题：林地流转是否会促进农户林业生产性资金的投入？林地流转又是否会对农户林业生产性资金的投入结构产生正面改善作用？

本章将首先阐述林地流转与农户生产性资金投入之间关系的研究现状，然后从收入预期效益、劳动力短缺效益、收入水平效益和收入结构效益方面对林地流转与农户林业投资间的关系进行机理分析，并提出相应的研究假设。在实证分析时，本章将分析林地流转对农户生产性资金投入规模和投入结构的影响，并将比较分析林地流转对异质性农户生产性资金投入的影响差异。

6.1 引言

集体林权制度改革后，农户享有林地承包权、使用权、抵押权、采伐权等权利，这一系列的制度改革能够较大幅度地提高林地产权的完整性以及安全性。产权安全性程度的提高使得农户在林业投资中居于主导地位。投入是产出的出发点，只有对林业不断投入，才能弥补林业长期投资不足的缺口，从而引入新的生产要素；只有对林业持续投入，才能有效避免风险，形成稳定产出。因此，农户最终投资的规模大小与投资方向对于促进林业快速发展和提高林业生产效益都具有十分重要的作用。在此背景下，如何促进农户对林业的投资，以发挥山区林业的比较优势，应成为林业研究的一个重点(李周，2006)。

对于影响农户林业投资的因素，有的学者关注产权完整性、政策和制度变迁的激励作用，还有学者比较关注市场和资源禀赋等因素的影响。国外学者的观点则不同，他们认为，林地产权独有的完整性以及安全性是影响农户林业投资的最重要因素，完整性和安全性程度越高，农户的投入水平也会越高(Besley，1993)。主观认知(Ajzen I，1991)以及外部因素(Xie 等，2014)也会影响农户的投资行为。此外，学者们还非常关注政策因素的影响，土地政策、集体林改政策、金融政策都会刺激农户的积极投入(Yin 等，2013；Dubey，2008)。新一轮集体林权制度的主体改革对造林投入有积极影响，按经营规模分类，林地确权对大规模农户的影响更大(朱文清和张莉琴，2018)。在将林业经营细分成种植、抚育、采伐等环节后，杨扬等(2018)认为这轮改革对林业经营前期阶段的投入都有正面影响。在研究配套改革的影响时，曹兰芳等(2015)认为配套政策对异质性农户的影响存在较大差异。

集体林权制度改革明确了农户产权，但使得农户家庭拥有的林地地块数量增加，从而使得林地细碎化程度比改革前更高，因此林地分散经营这一模式成为林业生产的主要特征(高立英，2007；孔凡斌和廖文梅，2013)。大多数学者认为林地细碎化有利于农户投资水平的上升(郑风田和阮荣平，2009；吉登艳，2015)，但孔凡斌和廖文梅(2012)认为林地细碎化程度如果超过某一限度，就会负面影响农户的林业投资。其他学者注意到了林地经营面积对农户投入的影响，陈躬林和严思屏(2003)认为土地规模小是制约农户投资的主要因素。林伊宸等(2018)认为受边际收益递减规律的作用，林地面积会负向影响单位林地面积的投入。在林种方面，林种不同，林农的投入水平也会不同，一般来说，农户倾向于投资市场效益好的林种(张俊清和吕杰，2008)。刘小强和王立群(2010)认为林权改革后，农户对林地的资金投入有了明显增加，但用材林的资金投入更加明显。

在市场因素这方面，成本和收益这两个因素对农户生产性资金的投入有重要影响(黄安盛等，2008)，木材价格、林地流转价格这两个方面对农户的林地投资也有着积极影响(于艳丽等，2017)。冷小黑(2010)则认为市场环境与政策会影响农户的林业资金投入。在投入资金的来源方面，罗金和张广胜(2011)认为家庭收入水平和投资资金获取的难易程度会影响农户营林的投资意愿。徐婷婷和李桦(2016)认为林权抵押贷款可以给农户以融资便利，因此对农户的林业投入具有激励作用。除此以外，林地的土壤条件、林地肥力、地理位置、基础设施、坡向、坡度和地形起伏度等自然条件也会影响农户的林业投入(Zhang，2001；孔凡斌和廖文梅，2014)。

林地流转这种交易方式如何影响农户生产性资金投入? 它的机理是什么? 姚洋(2004)对此的解释是土地流转既具有"边际产出拉平效应"，同时还具有"交易收益效应"。一般而言，如果转入户边际产出高于转出户，即如果转入户具有林业生产比较优势的话，那么当土地从生产效率较低的农户流转到生产效率较高的农户手中时，这时就会实现帕累托效率改进，土地则会在整体上得到优化配置(冒佩华等，2015；王倩和余劲，2017)，因此，转入户会增加投资以提高土地的产出，而转出户会减少投资以转移至非农部门。土地的交易收益效应是指流转成本的下降，有利于提高农户的流转交易收益，因此农户会增加对林地的投入以进一步提升交易收益。徐婷婷和李桦(2016)认为林地流转会刺激农户的林业投入。在林地流转这一交易模式对农户投入结构的影响方面，徐秀英等(2013)认为林地流转对经济林地块的投入方面有着非常显著的影响，而对竹林地块投入的影响却并不显著。邹亮亮和黄季焜(2011)则认为与转入的土地相比，农户会更愿意在自家的土地上施入有机肥。

从以上文献来看，学者们大多研究了制度、政策、市场、自然条件、林地规模等因素对生产性资金投入的影响，但关于林地流转与资金投入相互之间关系的研究较少。农户的资金投入有投入规模和投入结构两个方面，从结构来看，它又分为种苗、化肥、农药和机械等投入，但目前的研究大多聚焦于种苗、化肥和农药等流动资产的投入，而忽视了机械等大型固定资产的投入。因此，本书将全面分析林地流转对流动资产投入和固定性资产投入的影响。

目前，学者们在研究林地投入问题时，大多是运用 Probit 模型，抑或是运用 Tobit 模型来量化分析农户投入资金的数量。也就是说，学者们把是否投入资金和投入多少资金这两个决策视为两个独立的事情，但实际上这是农户先后决策的两个阶段，两个阶段之间存在逻辑关系，是否投入决策在前，投入资金水平决策在后，只有当农户决定投入资金后，才会做出投入资金水平的决策。因此，本书将运用 Double-Hurdle 模型来处理此问题，该模型包括一个 Probit 模型和一个 Truncated 模型。

6.2 机理分析与研究假设

林地流转包括林地流入方和林地流出方。对流入方而言，林地流转存在收入预期效应和劳动力短缺效应，对流出方而言，林地流转存在收入水平效应和收入结构效应。林地流转对林业投资的影响机理如图6-1所示。

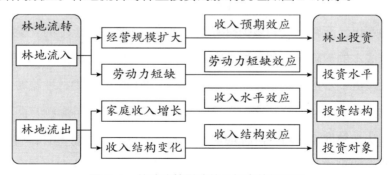

图6-1　林地流转影响林业投资的机理图

(1)收入预期效应。流入林地后,一方面农户的林地经营规模得到扩大,另一方面农户从事林业生产的积极性进一步提高,这会提升农户对收入增长的预期。由于投入是产出的起点,因此农户会增加投资以购买种苗、农药、化肥、机械,以创造更多的林业产出。因此在收入预期效益下,流入林地的农户会增加对林业的投资规模。

(2)劳动力短缺效应。流入林地的农户在经营面积扩大后,由于劳动力数量不能立即同步经营面积的变化,使得单位林地面积上分布的劳动力数量开始下降。由于林业劳动是劳动密集型行业,而且林业体力劳动负荷较重,所以林地面积的扩大容易引起劳动力的短缺。虽然农户可以从外部雇佣劳动力,但是在雇工工资逐年上涨的背景下,雇工成本越来越高,这不利于提高林业的经营效益。因此,在此背景下,通过购买林业机械或者投资其他固定资产的方式来缓解劳动力短缺的矛盾成为必然选择。此外,由于林地流转期限平均在30 a左右,通过投资固定资产能够提高长期生产效率,并能够在较长时间内摊销成本,所以随着流入面积的增加,农户会更倾向于固定资产投资这一方式。

综上所述,基于收入预期效应和劳动力短缺效应,本书提出两个假设:

假设1:林地流入会促进农户对林业生产性资金的投入。

假设2:林地流入后,与流动资产相比,农户更倾向于固定资产投资。

(3)收入水平效应。农户流出林地并投入到非农产业中,由于外出务工收入较高,这样就会增加农户家庭的工资性收入,使农户有更多能力来购买林业生产资料。但由于非农产业相对于农业产业具有更好的经济效益,理性的农户一般会将务工收入投入到非农部门的投资中,因此,在收入水平效应的影响下,林地流出会对农户的林业投资产生负向影响。

(4)收入结构效应。流出林地的农户通过外出务工来增加家庭收入,这样林业经营面积和林业劳动力投入等生产要素都会下降,这会降低林业收入的比重,而提升非农收入的比重。非农收入比重上升会降低农户对林业生计的依赖程度,林业对家庭的重要性下降,因此农户不愿意对林业进行投资。

综上所述，基于林地流出的收入水平效应和收入结构效应，本书提出第三个假设：

假设3：林地流出对农户生产性资金投入水平有消极影响。

6.3 方法与模型

6.3.1 变量设置与定义

(1)被解释变量。本书设置了三个被解释变量：林业生产性资金投入规模、林业固定资产投资以及林业流动资产投资。本书根据与林业的关联密切程度将农户林业生产性资金分为两类：一类是与林业直接关联的流动性投资，包括种苗、化肥和农药等。另一类是与林地不直接关联的固定投资。对第一类投资，将农户家庭投入到林业生产中的种苗、化肥和农药等所有流动性资产，根据市场价格转化为货币价值并加总，再进行对数化处理。对第二类投资，考虑到农户投资于林业相关的固定资产时，主要为购买林业机械，因而选择林业机械作为固定资产投资的代表。本书使用农户持有的各类林业机械的折旧额与林业机械的租赁费来表示，将它换算为单位面积（亩）的固定资产投资额，然后进行对数化处理(钱龙，2017)。

(2)核心解释变量。本书把"是否转入林地"和"是否转出林地"这两个变量设为核心解释变量，如果家庭当年的流入林地面积大于0，则"是否转入林地"就赋值为1，反之则为0；类似地，如果家庭当年的流出林地面积大于0，则"是否转出林地"赋值为1，否则赋值为0。

(3)控制变量。本书的控制变量有：

第一组变量包括户主性别、年龄和受教育程度三个变量。户主性别为男性，则生产能力越强，因此预期户主为男性，农户会更愿意对林业进行投资。户主年龄越大，他的生产经验越丰富，林业生产的回报率就越高，因此对林地的投入也越高。户主受教育年限越高，无论是职业技能还是社会资本都会较高，那么他们就越有可能从事非农工作而不选择林业生产。因此，预期随着农户的受教育年限增高，农户对林地的投入反而减少，即农户的受教育年限对林地投入具有负向影响。

第二组变量分别是：

①劳动力数量。由于劳动力与林业机械存在替代关系，所以家庭劳动力数量越多，对林业机械的需求就越少。

②人均承包林地面积。受林地数量和经营规模的影响，农户拥有的林地数量越多经营规模越大，则需要配备的生产性资金越多，因此预期人均承包林地面积与生产性资金投入之间存在正相关关系。

③林业生产资料价值。林业生产资料价值既反映农户的投资能力，也反映农户的林业生产经验积累，农户拥有的林业生产资料价值越多，意味着农户从事林业生产的经验积累相对越多，从而家庭就可能倾向于向林业配置更多的生产性资金，尤其是流动性资金，以便充分利用资产(刘珉，2011)。

④是否党员干部户。党员干部在农村属于能人，其知识水平与见识比一般人高，因此他们会投入更多的生产性资金，以提高林业的生产效率。

⑤林地细碎化程度。林地细碎化的程度较高这一特点是目前林业生产的主要特征(高立英，2007)，孔凡斌和廖文梅(2012)认为林地细碎化程度如果超过某一限度，就会负面影响农户的林业投资。考虑到这一限度还未有标准的方法进行具体的量化，所以林地细碎化程度对林业生产性资金投入的影响还不确定。

第三组是表示村庄基本特征的变量，包括：

①采伐申请难易度。采伐限额这个制度会使林木资产的市场变现能力受到一定的减弱(姚顺波，2005)，从而抑制农户对林业投资的积极性。

②村庄人均收入水平。较高的当地收入意味着较好的本地区经济状况，因此农户对林业的生产性投入更加有资金保障。

③村庄地理位置。距县城或乡镇越近，由于融资或采购都较偏远地区更

为便利，因此农户对林业的生产性资金投入将会更多。

6.3.2 变量描述性统计

依据以上分析，将所有变量予以归纳，如表6-1所示。

表 6-1 变量描述性统计

变量类型	变量名称	变量定义	均值	标准差
被解释变量	生产性资金投入	林业机械投资与流动性资产投资之和 /（元·亩⁻¹）	88.92	304.33
	流动性资产投资	种苗、化肥和农药价值 /（元·亩⁻¹）	71.36	78.24
	林业固定资产投资	林业机械年折旧额与机械租赁费之和 /（元·亩⁻¹）	15.35	31.27
核心解释变量	是否转入林地	是 = 1，否 = 0	0.09	0.29
	是否转出林地	是 = 1，否 = 0	0.06	0.23
控制变量	户主性别	男 = 1，女 = 0	0.90	0.23
	户主年龄	户主年龄 / 周岁	58.60	10.73
	户主受教育水平	受教育年限 / a	7.92	2.95
	劳动力数量	15 岁以上劳动年龄人口数 / 人	3.12	1.23
	人均承包林地面积	承包林地面积/家庭总人口 /（亩·人⁻¹）	10.72	26.42
	林业生产资料价值	年末拥有林业生产资料价值 / 元	7 623.38	24 239.51
	是否党员干部户	是 = 1，否 = 0	0.22	0.41
	林地细碎化程度	林均地块面积	12.07	19.23
	采伐申请难易度	容易 = 1，难 = 0	0.65	0.46
	村庄人均收入	本村农户家庭人均收入 /（万元·人⁻¹）	1.43	0.75
	村庄地理位置	村庄到最近乡镇或县城的距离 / km	7.85	5.27

基于表6-1分析，样本农户中生产性资金投入包括流动资产投入和固定资产投入，其投资水平为88.92元 / 亩。从投资结构来看，流动资产投资约为固定资产投资的5倍，这说明在林业生产性资金投入中，农户比较倾向于对农药

和化肥的投资。

从核心解释变量来看，转入比例比转出比例高出3%，说明目前农户比较倾向于流入，而对林地流出比较保守。从控制变量的数据看，户主特征变量中，绝大多数的户主为男性，而且年龄都偏大，平均接近60岁，而且他们的受教育程度都不高，平均只有初中水平。从家庭特征看，每户家庭拥有的劳动力资源和林地资源都处于合理水平。从采伐申请的难易程度方面来看，根据一些农户和相应政府部门的相关反映，采伐指标普遍比较容易申请。

6.3.3　计量模型

本书关注林地流转对农户投入概率和投入水平这两个方面的影响，由于这是先后决策的两个阶段，因此本书运用 Double-Hurdle 模型（Cragg，1971；Xie等，2014）。本章设置的基本模型如下：

$$y_{ij} = \alpha + \beta_1 LR_{ij} + \beta_2 LC_{ij} + \eta X_{ij} + \delta V_j + \varepsilon_{ij} \qquad （6-1）$$

根据被解释变量的不同，y_{ij} 分别表示农户的生产性资金投入、流动资产投入和固定资产投入。LR_{ij} 和 LC_{ij} 分别为是否流入林地、是否流出林地；X_{ij} 是家庭特征的向量，V_j 是村庄基本特征的向量，ε_{ij} 是随机误差项。

6.4　实证结果分析

在回归之前，因为要考虑到自变量中可能存在比较强的相关性，这会给模型估计结果带来偏差，为此本书计算了自变量的方差膨胀因子，结果显示VIF 均值为1.68，远小于10，这表明不存在严重的共线性问题。

6.4.1　林地流转对生产性资金资源配置的总体分析

本部分将农户生产性资金投入总额对林地流入和流出进行回归，以研究林地流转与农户生产性资金投入规模之间的关系。依据前文分析，本书将

Double-Hurdle 模型的参数估计结果报告列示在表6-2中。

表6-2　林地流转对林地是否投入以及林地投入规模的估计结果

解释变量	Probit 模型		Truncated 模型	
	系数	Z 值	系数	Z 值
核心变量				
是否转入林地	0.275***	2.738	0.243***	3.47
是否转出林地	−0.183**	−2.034	−0.148**	−2.017
控制变量				
户主性别	0.011	0.137	0.007	0.153
户主年龄	−0.035**	−2.361	−0.005**	−0.416
户主受教育水平	0.052**	2.150	0.038**	2.036
劳动力数量	0.017**	2.370	0.0064**	2.272
承包林地面积（对数）	0.628***	3.872	0.137***	0.164
林业生产资料价值（对数）	0.089**	2.125	0.028*	1.719
是否党员干部户	0.172	0.633	0.558	1.262
林地细碎化程度	0.036***	2.671	0.739***	3.894
采伐申请难易度	0.243**	2.339	1.328***	4.735
村庄人均收入	0.168**	2.007	0.336***	3.071
村庄地理位置	−0.064*	−1.842	−0.457**	−2.582
省域虚拟变量	已控制		已控制	
诊断和其他信息				
Log preseudo likelihood	−83.29		−86.36	
Mean VIF	1.68		1.68	
观测值	6 975		6 975	

注：*、**、*** 分别表示在10%、5%、1%的显著性水平上显著。由于篇幅所限，本报告略去了省份虚拟变量的估计结果。

　　从表6-2可以看出，林地流入和林地流出对农户是否投入生产性资金以及投入水平都有显著影响。转入林地与资金投入呈正相关关系，且在各因素中影响程度最大，这是因为转入林地的农户主要通过转入林地来增加经营规模，这就增加了农户对流动资产和固定资产的投入需求。此外，农户转入林地主要用于林业生产，在经营规模较大的条件下，农户对林业生产收入预期较高，生产积极性也较高，因此会增对拖拉机、摩托车或其他林业生产设备的投资，以提高林业生产率。同时，农户转出林地与农户是否投入生产性资金以及投入规模呈反比，说明农户转出林地后林业经营规模下降，对收入的预期也下降，所以生产性资金投入的积极性会明显降低。这就验证了假设1的正确性。

　　在农户特征中，户主性别对农业生产性资金投入的概率和水平没有显著影响。对农户的林业生产性资金投入具有显著影响的主要有三个变量，分别是户主实际年龄、户主受教育程度以及家庭劳动力数量。户主年龄对农户生产性资金投入的概率和水平两方面都有显著的负向影响。实际年龄越大的农户，他们规避风险的心理就会越强，也就不会再追求较大的回报，因此在林地经营过程中投入力度偏弱。农户受教育程度的高低对林业生产性的资金投入有正向影响，随着农户受教育程度的普遍增高，其生产技能也愈加成熟，生产水平也较高，因此越有可能投资林业。家庭劳动力的数量代表着农户能使用的人力资源，它对农户的林业投入有积极影响。这可能跟人与小型机械存在的互补关系有关，劳动力数量越多，对小型机械的需求越大，因此农户对固定资产的投入越高。此外，为提高劳动产出率，农户可能会给林地投入更多的农药、化肥，从而对流动资产的投入也会增加。

　　承包林地面积对林地生产性资金投入的概率和规模水平都有显著的正向影响，这说明经营的林地面积越大，农户对林地的现代化管理就会越重视，从而愿意投入更多资金。林业生产资料价值关系到农户的生产效率，是衡量农户家庭的投资能力的重要指标。农户是否投资林业的一个关键因素就是农户的投资能力，林业生产资料价值越大则代表农户越富裕，因此他们的投资能力越强。所以林业生产资料价值越大越有可能增加农户对林业流动资产和固定资产的投入。林地细碎化程度为平均地块面积，平均地块面积越大，细碎化程度越低，也就越有利于林业的规模化经营，从而吸引农户对林业进行生产性投资。采伐指标申请的难易度对资金投入概率的影响为正，这说明采伐指标申请越容易，林农对林地的投入水平就会越大，这与夏春萍(2012)研究结论相一致。

村庄人均收入较为直观地反映了村庄当地的经济发展环境，它对林地生产性资金投入产生的影响为正并且显著性水平较高，这就意味着随着农民人均纯收入的提高，会带来林业生产性资金投入的增加。从这一点上来看，经济发展水平越高的农村地区，农民人均纯收入越高，农户对林地的投入水平也会越高。

村庄到最近乡镇或县城的距离这个变量对农户林地生产性资金投入的概率和水平都会产生显著影响。村庄距离乡镇或县城的距离越远，说明该村庄的交通条件越差，相应的林地投入和产出水平也越低。这是因为离乡镇或县城距离越远的农村，道路网络的发展水平较差，区域运输能力比较低且单位运输成本高，林地的资源不容易变现，农户投资林业的积极性就会受到一定的影响。

是否党员干部户对农户是否投入资金以及资金投资规模的影响都不显著，这说明农户家庭的政治背景无法影响到农户家庭对林业的投资。

6.4.2 林地流转对生产性资金投入结构的影响

林地流转对农户生产性资金投入所产生的影响，不仅要分析其对总体规模的影响，还要分析其对投入结构所产生的影响。由于林业流动资产的投入与林业固定资产投入都为不小于0的变量，因此本部分采用了删截回归模型对其进行分析，回归结果如表6-3所示。

从表6-3可以看出，是否转入林地对农户流动资产投入有显著的正面影响。随着林地的流入，农户经营面积得到了扩张。作为理性经济人，为了实现单位面积的最大化产出，农户会在流入林地后加大种苗、化肥、农药的投入力度，通过改善树种结构、提高土壤肥力和加强病虫害防治等方式来提高林业的产出。

表 6-3　林地流转对生产性资金投入结构的影响

解释变量	农户流动性资产投入		农户固定资产投入	
	系数	t 值	系数	t 值
核心变量				
是否转入林地	0.275***	5.863	0.336***	4.261
是否转出林地	−0.071	−1.498	−0.093**	−2.585
控制变量	已控制		已控制	
省份虚拟变量	已控制		已控制	
R^2	0.383		0.402	
F	16.48		12.59	
样本数	6 975		6 975	

　　注：*、**、*** 分别表示在 10%、5%、1% 的显著性水平上显著。由于篇幅所限，本报告略去了控制变量和省份虚拟变量的估计结果。

　　是否转入林地对固定资产投入也有显著的正面影响。由于林业属于劳动密集型行业，林业经营工作繁重、工作环境恶劣，工作时间易受天气等因素影响，因此需要大量劳动力。林地流入的增加会扩大农户的林业经营规模，这时家庭的劳动力会难以满足经营规模扩大的需要，在目前雇佣工资逐年上涨的背景下，雇佣劳动力的成本逐步上升，这就使得雇佣劳动力并不是一个最优选择。因此，为节约劳动力，提高劳动效率，农户会增加林业固定资产特别是林业机械的投入，以促进林业经营的高效进行。

　　比较固定资产投入与流动资产投入的系数大小，可以发现固定资产投入的系数要高于流动资产投入的系数。这说明林地流入后，当经营林地的规模增大，相对于流动资产投入，农户对固定资产的投入有更大幅度的提高。这验证了假设 2 的正确性。

是否转出林地对农户流动性资产的投入具有负面影响，但该影响并不显著。这是因为农户受自身精力、技能、资金、规模、预期等因素的制约而将林地流出，流出后林地经营面积下降，如果此时增加流动性资产投入则会违背规模经济的原则。林地转出对农户固定资产投入的影响同样如此，由于固定资产与流动资产相比每年都有折旧，因此林地转出后，林业固定资产投入会有比较明显的下降。

6.4.3　异质性农户生产性资金资源配置分析

在本部分，将从两个方面区分异质性农户在生产性资金资源配置方面的差异。

6.4.3.1　按生产能力划分

将农户按林业生产能力高低进行分类，生产能力高于平均水平的农户为高效率农户，低于平均水平的则为低效率农户，然后分别进行实证分析。被解释变量为生产性资金投入，核心解释变量为是否转入林地以及是否转出林地。农户林业生产能力采用 SFA 随机前沿模型来测算，如第 4 章 4.3 节所示，农户生产技术效率的平均值为 0.589 2，因此可以此为界将农户区分为两类样本。由于农户对林业生产性资金投入为不小于 0 的变量，因此本部分采用了删截回归模型来进行分析，回归结果如表 6-4 所示。

从表 6-4 可以看出，对农户按生产能力划分为低效率农户与高效率农户之后，林地流转对农户生产性资金投入的影响有所差异。从是否转入林地来看，该变量对高效率农户与低效率农户都有正面影响，但对高效率农户的影响更大，而且显著性也更高（1%）。高效率农户从事林业生产时具有较强的林业生产效率，他们在流入林地后，为了进一步提高单位产出水平，会提高流动资产和固定资产的配置，使得资产配置结构更为合理。

是否转出林地对两个不同类型农户的生产性资金投入都有负面影响，但对低效率农户的影响更大。低效率农户由于生产效率低，所以对林业生产的预期较低，转出林地后，一般会从事有比较优势的外出务工活动，因此会明显降低对生产性资金的投入。

表 6-4　林地流转对不同生产能力农户生产性资金投入的影响

解释变量	高效率农户		低效率农户	
	系数	t 值	系数	t 值
核心变量				
是否转入林地	0.672***	5.863	0.146**	2.271
是否转出林地	−0.071*	−1.855	−0.093**	−2.074
控制变量	已控制		已控制	
省份虚拟变量	已控制		已控制	
观测值	3 085		3 890	

注：*、**、*** 分别表示在 10%、5%、1% 的显著性水平上显著。由于篇幅所限，本报告略去了控制变量和省份虚拟变量的估计结果。

6.4.3.2　按职业分化划分

本部分将农户分成专业农户和兼业农户这两种不同的类型。专业农户是指那些在家庭全年收入中有 80% 以上收入来自农业的农户，这类农户家庭中劳动力的绝大部分时间都在从事农业工作，并且专业农户对林业和农业的依赖程度比较高。兼业农户是指家庭劳动力不仅从事农业生产，而且还从事非农业生产活动。其中，以农业收入为主要收入来源的称为第一兼业农户，以非农业收入为主要收入来源的称为第二兼业农户。本章对样本农户的界定采取了如下的收入标准来划分：农业收入在家庭总收入中占比在 80% 以上（含）的农户即可认定为专业农户；农业收入占比在 80% 以下（不含）的农户则认定为兼业农户。由于流转户的样本数量不够大，所以本部分只建立专业农户和兼业农户两个子样本，并分别对这两个子样本进行实证分析，以比较不同类别农户的林地流转行为对生产性资金资源配置所产生的影响。由于生产性资金投入不可能小于0，所以本书采用了删截回归模型来进行分析，回归结果如表6-5所示。

表6-5　林地流转对不同职业类型农户生产性资金投入的影响

解释变量	专业农户		兼业农户	
	系数	t 值	系数	t 值
核心变量				
是否转入林地	0.498***	4.787	0.253*	2.018
是否转出林地	−0.211	−1.459	−0.437**	−2.389
控制变量	已控制		已控制	
省份虚拟变量	已控制		已控制	
观测值	2 160		4 815	

注：*、**、*** 分别表示在10%、5%、1%的显著性水平上显著。由于篇幅所限，本报告略去了控制变量和省份虚拟变量的估计结果。

从表6-5可以看出，农户的林地流转行为虽然对专业农户和兼业农户的生产性资金投入都存在正面影响，但对两者的影响存在较大差异。从林地转入来看，林地转入会提升农户生产性资金的投入，但它对专业农户的影响比兼业农户更大，而且也更为显著。这是因为专业农户收入结构中林业收入的比重较大，对林业收入的依赖度也会比较大，他们转入林地是因为其对林业存在较高的预期收入，为了保证该预期的实现，会加大林业投入的规模。而兼业农户由于还存在其他渠道的重要收入来源，所以林地转入对他们生产性资金投入的影响就不如专业农户明显。

从林地转出方面来看，林地转出对专业农户生产性资金投入有负面影响，但显著性水平较低。林地转出对兼业农户的影响较大，而且在5%的水平上显著。从本书的实际调研来看，目前兼业农户的规模在农村农户规模中已经占据主导地位，而且未来兼业农户在农村中所占的比重会越来越高。由于林业投资回收期长，收益率低，工作强度较大，所以部分兼业农户的工作重心不在林业上面，在转出林地后，一般会外出务工以获取更高收入，这就使得兼业农户会大幅降低对种苗、农药和化肥等林业流动资产的投资。此外，经营林地规模的缩小，也会使得农户对林业机械等固定资产的需求下降，从而减少林业固定资产的投资。

6.4.4　林地流转市场对生产性资金资源配置的影响

林地流转成本指数和林地流转规模指数这两个指数是用来衡量林地流转市场发育程度的两个重要指标。林地流转成本指数越高，说明林地流转在当地所受的约束越高，林地流转市场发育程度也就越低，反之，林地流转市场发育就越好。林地流转规模指数越高，说明林地流转市场发育越成熟，反之，则说明林地流转市场还有待更加进一步的发育完善。测算林地流转发育程度的公式如第5章5.2节所示。为研究林地流转市场发育程度对农户生产性资金资源配置的影响，本部分以生产性资金投入水平为被解释变量，以林地流转成本指数和林地流转规模指数为本部分的核心解释变量。由于林业生产性资金投入均为不小于0的变量，因此本部分采用删截回归模型来进行分析，回归结果如表6-6所示。

表 6-6　林地流转市场对生产性资金资源配置的影响

解释变量	（1）		（2）	
	系数	t 值	系数	t 值
核心变量				
林地流转成本指数	-0.239^{**}	2.249		
林地流转规模指数			0.185^{***}	2.787
控制变量	已控制		已控制	
省份虚拟变量	已控制		已控制	
观测值	6 975		6 975	

注：*、**、*** 分别表示在 10%、5%、1% 的显著性水平上显著。由于篇幅所限，本报告略去了控制变量和省份虚拟变量的估计结果。

对表6-6的结果进行分析，林地流转成本指数对农户的生产性资金投入具有一定的负面影响，而林地流转规模指数对生产性资金投入有正面影响，这是因为林地流转市场发育程度越低，相应的林地流转所面临的障碍也会越多，这会降低林地交易的流动性，使得农户之间林地经营规模难以发生变化，因此难以吸引农户的生产性资金投入。从两个指数的影响效果来比较，相对于林地流转规模指数，林地流转成本指数对农户生产性资金投入的影响更大，但它的显著性要比林地流转规模指数低。

6.5 本章小结

要提高集体林区农民收入和促进农村经济发展，首先要面对的挑战是如何解决集体林地长期投资不足、经营效率低下的问题。实施新一轮集体林权制度改革的重要愿景之一就是通过明晰集体林地产权关系，鼓励林地流转，从而达到促进集体林业投资，形成林业规模经济的目的，以进一步解放和发展林业生产力。为研究林地流转对农户林业生产性资金投入决策以及投入规模的影响，本书采用了 Double-Hurdle 模型，取得以下结论：

(1)是否转入与转出林地显著影响农户是否投入资金和投入的水平。转入林地与农户生产性资金投入呈正相关关系，且在各因素中影响程度最大，这是因为转入林地的农户主要通过转入林地来增加经营规模，这样就会一定程度上增加农户对林地固定资产和流动资产的投入。同时，农户转出林地与农户是否投入生产性资金以及投入规模呈反比，说明农户转出林地后林业经营规模下降，对收入的预期也下降，所以生产性资金投入的积极性会明显降低。

(2)是否转入林地显著影响流动资产投入和固定资产投入。作为理性经纪人，农户为了实现单位面积的最大化产出，会在流入林地后加大对种苗、化肥、农药的投入力度，以提高林业的产出。林地流入会直接扩大农户林业的经营规模，当农户经营的林地面积增加时，家庭劳动力难以满足规模扩大的生产经营需要，为节约劳动力，提高劳动效率，农户会增加林业固定资产特别是林业机械的投入，以促进林业经营的高效进行。

是否转出林地对农户流动资产投入具有一定的负面影响，但是该影响并不显著。林地转出对农户固定资产投入有比较显著的负面影响，由于固定资产与流动资产相比每年都有折旧，因此在林地转出后，林业固定资产投入就会出现比较明显的下降。

(3)将农户按林业生产能力进行分类，分为高效率农户和低效率农户，研究发现，是否转入林地对高效率农户与低效率农户都有正面影响，但对高效率农户的影响更大，而且显著性也更高。农户的林地流转行为对不同性质农户的生产性资金投入存在较大差异，从林地转入来看，林地转入对专业农户的积极影响比兼业农户更大，而且也更为显著。从林地转出来看，林地转出这一行为对专业农户林地生产性资金投入有负面影响，但显著性水平较低。此外，林地转出会对兼业农户产生比较大的负向影响。

(4)林地流转成本指数和林地流转规模指数是用来衡量林地流转市场发育程度的重要指标。林地流转市场发育程度越高(林地流转成本指数越低，或林地流转规模指数越高)，农户投入林业的资金就越多，反之，投入的资金水平就会越低。

以上结论说明，林地转入会提高农户生产性资金投入的概率和规模，而林地转出会有相反的效果，并且林地流转市场的发育程度也会对生产性资金投入产生比较大的影响。因此，为了促进农户生产性资金的投入以提高整个林业的产出水平，政府应建全林地流转基础设施来改善林地流转市场环境，以降低交易成本，从而吸引更多的农户投入生产性资金。除此之外，还要解决资金来源的问题。资金投入不足是林业资源配置效率提升的一个重要瓶颈，农民依靠自身积累很难大幅提高对林业的投入水平，而资金投入太少也会使得林业经营的抗风险能力较低，为此，政府应采取以下措施：一是建立林权抵押贷款制度，通过林地流转市场与银行、农商行和信用社等金融机构的对接，增强农户的投融资能力，以有效支持林业的发展；二是建立林业经营保险制度，通过林地流转市场与保险公司的对接，在政策保险之外进一步引入商业保险，以有效增强农户经营的抗风险能力。

第7章　林地流转对农户收入及收入分配的影响分析

前面几章的分析说明，林地流转会显著改变农户的林地资源配置，还会促进劳动力资源的流动和生产性资金投入的变化。林地、劳动力以及生产性资金的变化必然会对农户收入产生一定的影响，因此，在实施集体林权制度改革之后，林地流转又将会对农户收入产生怎样的影响？它对不同收入水平农户的收入影响有何差别？本章将对这些问题展开研究。

本章首先从收入增长和收入分配两个视角阐述林地流转与农户收入关系的研究现状，然后从林地配置、劳动力配置和资金配置方面对林地流转与农户收入增长，以及林地流转与农户收入分配之间关系进行机理分析，并提出相应的研究假设。为此，本章设置了人均林业收入、人均非农收入和人均家庭收入等几个被解释变量，并分别采用固定效应模型和分位数回归模型进行验证。

7.1　引言

在之前的分析中，本书已经研究了林地流转对林地资源配置、劳动力资源配置以及生产性资金资源配置的影响，那么林地、劳动力与生产性资金对收入的影响是怎样的呢？

在林业经济活动中，林地、资本、劳动力等资源具有稀缺性，其配置合理与否决定了社会福利最大化能否实现。众所周知的是目前林业资源配置距离帕累托最优还存在着极大的差距，因此有极大的改进空间。林地流转可以促进资源的合理配置，具体来说：它通过改变林地资源的方式，促进林地在农户之间的合理转移，即从林业生产能力相对较低的农户流向林业生产能力相对较高的农户，以此达到提高林地配置效率的目的。其次就是它通过改变劳动力结构的方式，促进劳动力在农业与非农业之间的专业分工，以此达到提高劳动力配置效率的目的；再者就是通过促进生产性资金的投入以增加固定资产投入在投资中的比重，从而达到提高资金配置效率的目的。

林地流转使得有的农户林地面积增加了，有的农户林地面积下降了，这就会相应改变部分农户在林地、劳动力和生产性资金上面的配置，从而引起家庭收入的变化。在林地流转背景下，农户收入有怎样的变化，是增加还是减少？这些问题都需要实证来回答。

土地流转重新配置了土地资源，它既有利于提高土地的利用效率(刘涛等，2008)，也有利于优化配置资源和增加农民收入(薛凤蕊等，2011；金丽馥和冉双全，2012；冯楠和周昭雄，2014；徐玉婷等，2016；王春超，2011；Jin & Jayne，2013)。与未参与流转的农户相比，流转农户的人均纯收入显著增加(薛凤蕊等，2011)。而且李中(2013)还发现农户在流转土地后，非农务工人均收入以及农村土地出租人均纯收入都有了显著的提高。从土地流转对流转交易双方的影响来看，胡初枝等(2008)、钱忠好和王兴稳(2016)等认为土地流转既促进了转入农户收入的增长，也促进了转出农户收入的增长，而 Jin 和 Deininger(2009)则认为土地流转对于转出农户的影响更大。

土地流转是如何影响农户农业收入的？土地流转对于非农收入又有何影响？许东鹏和葛孚桥(2013)认为土地流转不但影响了农业收入而且对非农收入也同样产生了影响，甚至对非农收入的影响明显更大，滕海峰(2013)认为土地流转正面影响农业收入，但会负面影响非农收入。对于土地流转影响农民收入的机制，杨涛和朱博文(2002)认为土地流转促进了农业机械化程度的提升，从而提高了农民收入。其他学者发现土地流转降低了土地细碎化程度(冯玲玲等，2008)，在扩大经营规模的同时也引入了新的生产要素(汪建红和曹建华，2006)，或者通过流转来吸引工商资本的进入(刘鸿渊和陈怡男，2010)，从而促进了农户收入的增长。

虽然多数学者研究认为土地流转对农户收入有正面影响，但也有少数学者持反对意见(Chamberlin 等，2016)。他们的研究发现土地流转和集中显著减少了农户家庭的种植业收入(徐志刚等，2017)，也对农户总收入产生了负面影响(彭代彦和吴扬杰，2009；姜松和王钊，2012)。还有部分学者认为土地流转对农民增收的作用较小(李丽明和吴一平，2015)，而崔会(2013)发现流转前后农民的人均纯收入并没有显著变化。因此，为了厘清林地流转对农户收入的影响，本书将基于湖南、江西和福建的调研数据来实证分析林地流转与农户收入的关系。由于农户收入有林业收入、非农收入和家庭收入三个定义，因此本书将分别从这三种不同的定义来分析林地流转对农户收入所产生的影响。

中国不仅存在农民收入普遍较低的问题，而且收入不平等的现象也同样严重，因此在研究土地流转对于农户收入的影响问题时，除了应考虑土地流转对于收入水平的影响，同样也应考虑土地流转对于收入分配的影响。田传浩(2008)认为由于低收入农户受财力的约束而无法流入更多土地，所以土地流转扩大了农户收入的不平等状况。朱建军和胡建连(2015)认为与流转前相比，流转后农户间的基尼系数变大了，说明土地流转加剧了农户间的收入不平等。肖龙铎和张兵(2017)发现土地流转对村庄基尼系数的上升有推动作用。虽然运用基尼系数能较好分析农村收入分配的差距，但它无法反映土地流转对农村不同收入阶层的影响，也就是无法比较土地流转对高、中、低收入群体的作用大小。为此，朱建军和舒帮荣(2012)运用了分位数回归方法，发现土地流转对高收入群体更有利，而对低收入农户不利，这说明土地流转恶化了农村收入分配不平等状况。史常亮等(2017)运用分位数处理效应模型发现土地流转对不同收入阶层的农户都有正的收入效应，但对于高收入水平的农户所产生的影响更大，因此他得出了土地流转加大了农村收入差距的结论。

在土地流转与农户收入的研究方法上，学者们先后运用了网络层次分析法（岳意定和刘莉君，2010）、Tobit 模型（韩菡和钟甫宁，2011）、双重差分 DID 模型（薛凤蕊等，2011；李中，2013）、SLS 模型（王春超，2011）、索洛余量（冯楠和周昭雄，2014）、倾向得分匹配法（朱建军和胡建连，2015）、混合数据 Ologit 模型（钱忠好和王兴稳，2016）。以上模型都有各自的适应范围，但这些模型不一定适应本书的分析，为此，本章将结合调研数据的特点，分别选用固定效应模型和分位数回归模型来研究林地流转对农户收入增长和收入分配的影响。

7.2 机理分析与研究假设

7.2.1 林地流转与农户收入增长

林地流转对农户收入的影响有三种影响机制，分别是林地优化配置机制、劳动力优化配置机制和生产性资金优化配置机制，其影响机理如图7-1所示。

农户可以根据比较优势分为有务工优势的农户和有务农优势的农户。在林地资源配置机制的作用下，有务工优势的农户一般会选择流出林地，通过外出务工的形式来增加工资性收入；有务农优势的农户一般会选择流入林地，通过增加林地规模来给每个劳动力配备更大面积的林地，以此来提升劳动率产出水平，进而实现林业经营的收入增长。

从林地流转的规模经济效益角度进行分析，林业的规模化经营和现代化经营是现代林业转型升级的关键。林地流转对于林地细碎化程度的降低有着显著作用，从而使规模经营的水平得到提高；而且，通过引入新的生产技术和提高机械化程度，促进了林业生产经营技术的进步。此外，不愿从事林业的农户，可以转出林地以摆脱林地的束缚，这样会持续地收到林地使用权转让租金，从而使家庭的财产性收入增加。

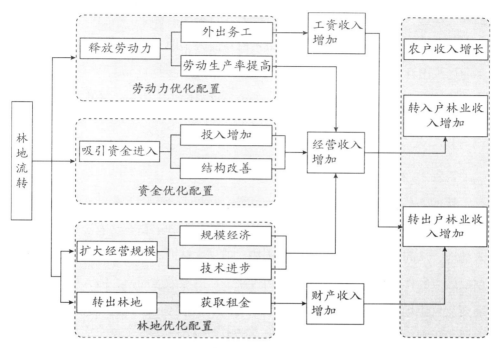

图 7-1　林地流转影响农户收入的途径

在生产性资金配置机制的作用下，林地流转扩大了林业经营规模，林业生产对种苗、农药和化肥等需求增加，这样会促使农户增加对这些流动性资金的投资力度。林地流转必然会促使细碎化的林地向经营大户集中，扩大化的林地会降低劳动力的密集程度，也就会使得劳动力逐渐变为稀缺资源。在雇佣劳动力工资水平逐年上涨的背景下，外部雇佣劳动力在经济上不再划算，因此林业经营大户会通过购买林业机械以降低劳动力的工作负担，这样就会增加林业机械等固定资产的投入。由于长期以来农户的林业投入主要以流动性资金投入为主，林业机械等固定资产投入比重过少，导致资金投入结构不合理。随着林地流入面积的扩大，农户会逐渐加大对林业机械的投资，这样会改善林业资金的投资结构，从而促进林业经营收入的增长。

综上所述，具有务工优势的农户会选择转出林地，通过从事非农工作来获取工资收入，并可以获取林地出租收入。相反，具有务农优势的农户则会选择转入林地，通过扩大林地经营面积的方式，来提高林业的经营收入。未参与林地流转的农户受林业生产能力所限不愿意流入土地，同时也因为思想保守而不愿意流出林地（史常亮，2018）。因此，本章提出假设1。

假设1：与未流转的农户相比，无论是林地的流入方还是流出方，其收入水平都将有显著提高。

7.2.2 林地流转与农户收入分配

林地流转有利于有务工优势的农户流出林地，摆脱林地的束缚，通过外出就业来增加家庭收入。与此同时，林地流转也有利于具有务农优势的农户流入林地，从而更好地发挥规模经营优势。但是，林地的流转受门槛效应和资源禀赋效应的作用，许多农户不能参与进来。从门槛效应而言，流入林地的农户需要支付土地的租金，同时，在转入林地后，还需要投入更多的资金到种苗、农药、化肥、机械上，因此，缺乏资金的农户没有能力流入更多的林地，这就限制了林地经营规模效应的发挥。从资源禀赋效应来看，林地确权以及林地流转增强了农户对林地产权的安全性和完整性，思想保守的农户认为林地是他们养老的保障，如果林地流转出去，他们就失去了未来生活的来源，在此思想下，有许多农户不愿意加入到林地流转市场中来。

从门槛效应看，林地流转限制了低收入农户扩大经营规模的机会，而高收入的农户因为在收入水平和筹资能力上有优势，他们受门槛效应的约束较小，因此有能力流入更多的林地，并通过劳动力、资金的重新配置来提高生产效率。从土地的资源禀赋效应看，低收入农户受该效应的影响较深，林地流转限制了这类农户转出林地的行为，这也能从当前林地流入农户的比例远高于林地流出农户的比例这一事实得到印证。因此，有相当一部分农户不得不留置家庭的大多数劳动力在农村，这就限制了劳动力的优化配置，不利于家庭收入的增长。高收入农户由于收入较高，因此对土地资源禀赋效应不敏感，他们通过流出林地释放出更多劳动力，从而选择外出务工的方式来获得比务农更高的收入。综上所述，在门槛效应和资源禀赋效应的作用下，林地流转对高收入农户和低收入农户产生了不同的影响。根据以上分析，本章提出假设2。

假设2：与低收入农户相比，林地流转更有利于高收入农户收入的增长。

7.3　方法与模型

7.3.1　变量设置与定义

(1)被解释变量。本书设置被解释变量为农户人均家庭收入，它包括人均林业收入和人均非农收入，本书将同时研究林地流转对这三个因变量的影响。农户人均林业收入为农户经营林业所产生的纯收益，农户人均非农收入是指农户外出务工所产生的收入，农户人均家庭收入包括林业收入、非农收入以及其他收入。

(2)核心解释变量。为分析林地流转对农户收入的影响，本章设置农户是否参与林地流转、流入林地数量和流出林地数量等三个核心解释变量。是否参与林地流转为虚拟变量，如果流入或流出面积大于0，那么该变量赋值为1，意味着该农户参与了林地流转；如果该变量赋值为0，意味着该农户并未参与林地流转。

(3)控制变量。控制变量包括户主特征变量、家庭特征变量和村庄特征变量。

户主特征变量中：

①从户主性别来看，相对于女性，男性在人力资本积累上更有优势，因此男性收入高于女性。预期户主性别为男性会对农户人均林业收入产生积极影响，且对人均非农收入和人均家庭收入也会产生积极影响。

②户主年龄对收入所产生的影响是复杂的，伴随年龄的不断提高，农户的知识水平和经验都在随之增长，农户的收入也会与日俱增，但另一方面，户主也在逐渐衰老，农户收入会由于体力和精力的限制而呈减少趋势。所以，年

龄对农户收入的影响还不确定，为此，本书加入了户主年龄的平方项以观察户主年龄对以上三项收入的影响。

③户主的受教育水平程度从侧面反映了其学习新兴技术和接受新兴事物的能力，如受教育水平程度越高，农户外出就业的机会就会越多，或者引入新技术从事林业生产的概率也越高，因此，预期户主受教育程度既有利于非农收入的增长，也有利于林业收入和家庭收入的增长。

家庭特征变量中：

①人均承包林地的面积反映了家庭每个人口所配备的土地数量，该指标数值越高，则表示该家庭拥有的生产资料越多。该指标越大，则表示户主依赖林地的程度越高，从而不利于农户非农收入的提高。

②劳动力比例反映了农户所拥有的劳力资源，劳动力比例越高，那么户主家庭的抚养比例就越低，因此农户去外地务工所受的约束也就越小，预期该变量将会提升农户的非农收入。劳动力比例越高，农户也越有可能利用劳动力的优势来流入林地，从而提高林业收入，所以预期该变量对农户林业收入有正向影响。综合以上两个因素，预期劳动力比例对家庭收入水平将会产生正向的影响。

③林业生产资料价值可反映农户的林业生产能力水平，家庭拥有的林业生产资料价值越高，说明农户的林业生产能力越强，因此通过林业生产来提高家庭收入水平的可能性也就越大；但另一方面，林业生产资料价值越大，林业收入对农户的重要性也就越高，因此农户去往外地务工的概率就会减小。基于以上分析，本书预期林业生产资料价值对农户林业收入有正向影响，而对非农收入有负向影响，对家庭收入的影响不确定。

④是否为党员干部户反映了农户所拥有的人力资本和社会资本，一般来说党员干部户的人事关系、政治关系都较为深厚，他们在就业信息获取方面比普通农户更有优势，因此预期为党员干部户对林业收入、非农收入和家庭收入都有正向影响。

⑤林地细碎化程度反映林地的平均规模，每块林地的平均规模越小，则越不利于规模经营，农户就越倾向于外出务工，因此预期该变量对林业收入有负向影响，而对非农收入有正向影响，对家庭收入的影响不确定。

⑥村庄地理位置为村庄特征变量，它反映了村庄的交通条件，离县城或乡镇越遥远，则出外务工的机会就越少，因此预期该变量对农户非农收入产生负面的影响。交通条件也对林业经营有重要影响，越偏远的地区，林业经营的困难就越多，因此预期该变量对林业收入的影响是负向的。综合以上分析，预期村庄地理位置对家庭收入的影响也是负向的。此外，由于调查样本分布在湖南、江西和福建三省，为控制不可观测的地区效应，模型中还加入了省份虚拟变量。

7.3.2　变量描述性统计

依据以上变量的定义，表7-1列出了各变量的描述性统计。

从表7-1看，样本农户人均林业收入水平为3 218.46元，它在人均总收入中的占比为23.87%，说明农户的林业收入占比较低，因而对于林业的生计依赖程度不高。但另一方面，人均林业收入在总收入中的比重超过两成，因此林地流转对人均林业收入的影响也必将会对人均家庭收入产生重要影响。

核心变量中，参与林地流转的农户比例为15%，而转入林地农户比例和转出林地的比例都在10%以下，说明无论从哪个指标来看，目前的林地流转交易规模都偏低。

控制变量中，户主性别90%为男性，反映了农村中男性当家的传统依然较为普遍。农户户主的人均年龄为58.6周岁，总体年龄水平偏大，这一结果对林业生产效率的提高较为不利。户主平均接受教育水平为7.92年，也就意味着大多数都接受了初中阶段的文化教育。人均承担林地的面积为10.72亩，处于适中的水平。林业生产资料价值只有7 623.38元，总体价值偏低，不利于提高林业生产效率。从社会关系来看，有22%的农户为党员干部户。林地细碎化指标为 12.07，根据此数据可以说明从目前来看其细碎化程度还处于较高水平，对于实行规模经营有负面的影响。村庄距离最近乡镇或县城的距离为 7.85 km，说明大多数村庄的交通条件较为便利。

表 7-1 变量描述性统计

变量类型	变量名称	变量定义	均值	标准差
被解释变量	人均林业收入	全年林业收入/家庭总人口/(元人 $^{-1}$)	3 218.46	9 242.37
	人均非农收入	全年非农收入/家庭总人口/(元人 $^{-1}$)	11 475.81	9 748.49
	人均总收入	全年家庭总收入/家庭总人口/(元人 $^{-1}$)	14 483.28	11 746.28
核心解释变量	转入林地数量	流入林地的面积，亩	75.22	97.63
	转出林地数量	流出林地的面积，亩	23.50	22.41
	是否参与流转	参与=1，不参与=0	0.15	0.67
控制变量	户主性别	男=1，女=0	0.90	0.23
	户主年龄	户主实际年龄/周岁	58.60	10.73
	户主受教育程度	受教育年限/a	7.92	2.95
	人均承包林地面积	承包林地总面积/家庭总人口/(亩人 $^{-1}$)	10.72	26.42
	劳动力比例	15岁以上劳动年龄人口/家庭总人口/%	75.41	22.09
	林业生产资料价值	年末拥有生产性固定资产原值/元	7 623.38	24 239.51
	是否党员干部户	是=1，否=0	0.22	0.41
	林地细碎化程度	林均地块面积	12.07	19.23
	村庄地理位置	村庄到最近乡镇或县城的距离/km	7.85	5.27

7.3.3 计量模型

林地流转可以分别从两个方面对收入产生影响：一是由于林地流转所产生的收入水平效应，即对农户收入水平的经济影响；二是由于林地流转所产生的收入分配效应，即对不同收入水平农户的影响。

7.3.3.1　农户收入决定模型

本书建立以下收入决定模型来分析林地流转的收入水平效应：

$$Y_{ij} = \alpha + \beta x_{ij} + \varphi F_{ij} + \theta V_{ij} + \varepsilon_{ij} \qquad （7\text{-}1）$$

人均林业收入、人均非农收入以及人均家庭收入是本章所阐述的被解释变量，用 Y_{ij} 来表示。"是否转入林地"或"是否转出林地"为核心解释变量，用 x_{ij} 来表示。户主特征、人均承包林地面积、劳动力比例、林业生产资料价值、是否为党员干部户等为家庭特征变量，用 F_{ij} 来表示。本章选取了村庄地理位置作为村庄特征变量，用 V_{ij} 表示。α、β、φ 和 θ 为待估参数，ε_{ij} 为随机干扰项。

7.3.3.2　分位数回归模型

从林地流转的收入边际影响来看，如果林地流转对低收入农户收入的贡献大于对高收入农户的影响，则林地流转有利于降低农户间的收入差距；反之，林地流转就不利于降低农户间的收入差距（高梦滔和姚洋，2006）。运用普通线性回归的方式来剖析林地流转对于农户收入所产生的影响存在以下两个方面的局限：首先，普通线性回归的实际方式只能分析整体水平上林地流转对农户收入产生的影响，而不能精准分析林地流转对高收入水平农户、中等收入水平农户和低收入水平农户这三类不同群体的收入的影响；其次，普通线性回归一般运用普通最小二乘法，该估计方法的运用需要数据满足正态分布的假设，但实际中数据经常有尖峰或厚尾的分布，因此，运用该方法得到的结果是有偏的和不稳健的。分位数回归能很好地克服以上缺点。采用这种方法能得到因变量在任意分位点处的回归方程，因此该方法可以精确地分析因变量由于自变量变化而在整个分布上所产生的变化，这就可以挖掘出更多有价值信息。因此，为了分析林地流转的收入分配效应，即分析林地流转对不同收入水平农户的影响，本书拟采用分位数回归模型，即：

$$y_q(x_i) = x_i' \beta_q \qquad （7\text{-}2）$$

上式中，系数 β_q 可用最小化定义来估计：

$$\min_{\beta_q} \sum_{i:y_i \geqslant X_i'\beta_q}^{n} q \left\| y_i - x_i'\beta_q \right\| + \sum_{i:y_i \geqslant X_i'\beta_q}^{n} (1-q) \left\| y_i - x_i'\beta_q \right\| \qquad （7-3）$$

与普通最小二乘法相比较，分位数回归的方法具有以下优点：对分布假设要求不高；适合具有异方差的模型。因此，为了更加精确地分析林地流转的收入分配效应，本书建立如下分位数回归模型：

$$Q_\tau \left[Y \middle| X \right] = \beta_{0,\tau} + \beta_{1,\tau} Transfer + \sum \beta_{i,\tau} CV + \varepsilon_\tau \qquad （7-4）$$

式中，$Q_\tau[Y|X]$ 是农户在 τ 分位上的人均收入。$Transfer$ 为是否参与林地流转，它是本部分的核心解释变量。CV 为影响农户收入分配过程中的控制变量，包括户主特征、劳动力比例、林业生产资料价值、是否为党员干部户、村庄地理位置等。$\beta_{0,\tau}$ 为常数项，$\beta_{1,\tau}$、$\beta_{i,\tau}$ 分别为核心解释变量和控制变量的待估参数，ε_τ 为随机扰动项。

7.4　实证结果分析

林地流转对农户收入的影响包括水平效应和分配效应，本章首先从实证分析林地流转的收入水平效应开始。

7.4.1　林地流转的收入水平效应

在运用收入决定模型(7-1)进行回归时，所有模型都通过了 Hausman 检验，所以运用固定效应模型，其估计结果如表7-2所示。

从表7-2看，转入林地面积对农户人均林业收入产生显著影响，也会对人均家庭总收入产生显著影响，但对人均林业收入的影响最为显著，并且通过了1%的显著性检验。实证结果说明林地转入面积对于人均家庭收入的影响小于对人均林业收入的影响，且显著性水平为10%。林地转入面积则对人均非农收入存在着较大的负向影响，但是不显著。以上分析说明了林地转入对农户的林业收入水平有着较为显著的影响，它可以较大程度地提高农户林业收入水平。因

表 7-2　林地流转的收入水平效应分析

	人均林业收入		人均非农收入		人均家庭收入	
核心解释变量						
转入土地数量	22.375*** (15.739)		−7.486 (−1.539)		15.651* (1.887)	
转出土地数量		−8.483 (−0.675)		79.886* (1.776)		98.752* (1.821)
控制变量						
户主性别	−0.141*** (−3.202)	−0.139*** (−4.231)	−0.130** (−3.672)	−0.130** (−3.981)	−0.130** (−3.572)	−0.130** (−2.781)
户主年龄	9.763*** (5.718)	9.271*** (4.849)	9.845*** (5.338)	9.531*** (5.129)	9.443*** (5.607)	9.975*** (4.781)
户主年龄平方	−1.512*** (−6.672)	−1.478*** (−5.442)	−1.489*** (−6.398)	−1.517*** (−6.275)	−1.482*** (−5.668)	−1.571*** (−6.637)
户主受教育程度	0.014*** (4.471)	0.018*** (4.892)	0.176*** (4.363)	0.137*** (4.287)	0.124*** (4.355)	0.115*** (4.891)
人均承包林地面积（对数）	0.063*** (2.898)	0.048** (2.210)	−0.011 (−1.418)	−0.012 (2.899)	0.060*** (2.769)	0.047* (2.114)
劳动力比例	0.007*** (3.043)	0.006*** (3.674)	0.007*** (3.829)	0.007*** (3.482)	0.008*** (3.771)	0.006*** (3.538)
林业生产资料价值（对数）	0.026*** (4.201)	0.026*** (4.387)	0.023* (1.791)	0.027* (1.783)	0.026*** (4.027)	0.025*** (3.993)
是否党员干部户	0.127*** (2.981)	0.128*** (3.005)	0.004* (1.739)	0.005* (1.873)	0.125*** (2.995)	0.128*** (3.338)
村庄地理位置（对数）	−0.147*** (−3.339)	−0.146*** (−3.863)	−0.162*** (−3.280)	−0.151*** (−3.729)	−0.162*** (−4.001)	−0.142*** (−3.811)
省份虚拟变量	已控制	已控制	已控制	已控制	已控制	已控制
常数项	1 105*** (10.751)	1 086*** (11.763)	1 063*** (10.483)	1 172*** (11.669)	1 081*** (11.325)	1 129*** (11.108)
Hausman 检验	1 047***	1 175***	1 308***	1 214***	1 082***	1 169***
拟合优度 F 检验	36.38***	47.91***	55.65***	38.42***	41.38***	61.97***
观测值	6 975	6 975	6 975	6 975	6 975	6 975

注：*、**、*** 分别表示在 10%、5%、1% 的显著性水平上显著，（ ）内为 t 统计量。由于篇幅所限，本报告省份虚拟变量的估计结果。

为林业收入在家庭收入中所占的比重不高，所以它对家庭收入的影响相对来说较小。林地转入后，农户的劳动力资源逐渐稀缺，所以对外出务工不利，也就不利于增加非农收入，但由于目前转入林地的面积还较低，它对外出务工的影响也较低，因此目前转入林地的面积对非农收入的不利影响还不显著。

林地转出面积对人均林业收入存在一定的负面影响，但不显著；它对人均非农收入具有较大的积极影响，并且在10%的水平上显著，这说明转出林地后农户可以增加外出务工的劳动力投入来获取工资性收入，所以，林地的转出有利于农户非农收入的增长。虽然林地转出不利于人均林业收入的增长，但它对人均非农收入的增长有促进作用，在农村家庭非农收入占比超过70%的背景下，林地转出总体而言有利于人均家庭收入的增长，表2系数就是有力的证明，而且该系数通过了10%的显著性检验。

以上结论表明，林地流转有着显著的增收效应，即无论是林地流入或是林地转出，都有利于农户收入水平的增长，因此该结论验证了本章的假设1。

从控制变量来看，男性户主的样本户收入比女性户主的样本户收入低，这可能是因为女性户主由于在生产生活方面都处于弱势，为赚取更多收入，会比男性户主付出更多努力，也就会更加辛勤的从事生产。户主年龄对于人均林业收入、人均非农收入和人均家庭收入这三种收入都有积极的影响，这说明户主的经验、技术等都会随着年龄的增长而逐渐积累，并对林业经营收入和外出务工收入产生积极的促进作用。由此衍生出一个问题——林地流转对农户各项收入的促进作用是否是一直不变的呢？为此，回归中年龄的平方项很好地回答了这个问题，从年龄平方项的系数来看，一旦越过某个拐点，户主年龄对农户收入就会产生负面的影响。不管是林业生产，还是外出务工，农户从事的都是劳动密集型产业，这些产业对农户技术的要求不高，但对体力和精力的要求较高，当农户年轻力壮时，能轻松地赚取收入，但随着年龄增长而体力下降，收入的下降也会很明显，这就是年龄与收入的倒"U"形关系，它符合生命周期理论。户主受教育程度对农户人均林业收入、人均非农收入以及人均家庭收入这三个方面都存在较为显著的正向影响。并且随着社会的发展，无论是林业还是外出务工对知识的要求不会一成不变，而只会越来越高。在林业中，造林、抚育、病虫害防治等方面所涉及的技术水平的高低对于林业收入有较大影响，而造林与抚育技术的掌握不仅仅与年龄有关，它还与从业者的教育水平有关。一个人受教育程度越高，就越容易吸收新鲜知识，故而对新技术就更容易采纳。外出务工中，越来越多的劳动力进入工厂，而生产线对从业人员的技术要求也较高，受教育程度越高的员工越容易通过培训。上面的分析说明了教育对于林业收入、非农收入和家庭收入这三个方面收入增长所产生的不可忽视的重要作用。

在家庭特征变量中，人均承包林地面积对人均林业收入以及人均家庭收入两个方面都有积极的影响，并且都具有较强的显著性。人均承包林地面积对人均非农收入有负面影响，但该影响不显著。这说明人均承包林地面积越大就越有利于开展林业经营，因此对于农户收入的增长也就存在着促进的作用。但人均承包林地面积越大，对农户家庭劳动力的束缚作用越强，为了不荒废林地，农户不得不在林地上配置更多劳动力，这在一定程度上限制了农户的外出务工，所以不利于非农收入的增长。尽管如此，但由于人均承包林地面积对人均林业收入所产生的影响更为显著，所以它对人均家庭收入的影响是正向的。

分析结果表明劳动力比例对于人均林业收入、人均非农收入和人均家庭收入这三个方面都有着正向的积极影响，并且都在 1% 的水平上显著，这说明家庭劳动力所占的比例越高，无论是从事林业生产，还是外出务工，都可以获取更多的收入。家庭的收入主要依靠劳动力从事各种生产来实现，劳动力比例越高，家庭抚养老幼的压力就越小，从事生产活动的人口也就更多，因此收入也就更加容易提高。

林业生产资料价值对于人均林业收入、人均非农收入以及人均家庭收入这三个方面都有着积极影响，但它对人均林业收入的影响最为显著。林业生产资料能够节省农户的体力劳动，帮助农户更高效率地生产，所以它的价值越高，也就越有利于农户林业收入和家庭收入的增长。林业生产资料价值对人均非农收入有积极影响，这是因为生产中林业生产资料使用得越多，就越节省农户的林业生产时间，因此他们就有更多的时间外出务工，这就会有利于农户非农收入的增长。

是否为党员干部户这一因素对于人均林业收入和人均家庭收入所造成的影响也较为地显著，而对人均非农收入所造成的影响则较小。党员干部户由于信息获取的优势，所以对政府各项支农政策掌握较好，在政策的激励下可以获取更多的林业收入。虽然党员干部户的政治关系和社会关系较为深厚，但他们外出务工的概率低于普通农户，所以该变量对农户非农收入的影响较小。

村庄地理位置对于人均林业收入、人均非农收入以及人均家庭收入这三个方面都会产生负向影响。村庄地理位置用村庄距离最近乡镇或县城的距离来表示，该变量数值越大，说明村庄地理位置越偏远，生产要素的采购和运输就越困难，因此越不利于林业生产；同时，由于交通的偏远导致了信息的闭塞，农户不易接触到劳动力市场的就业方面相关的信息，导致外出务工的机会比较少。因此，村庄地理位置对于农户人均林业收入、人均非农收入以及人均家庭收入这三个方面都会产生一定程度上的负面影响。

7.4.2　林地流转的收入分配效应

上一部分分析林地流转对农户收入的作用是基于整体回归，因此得到的结果没有充分考虑收入分布的影响。目前，越来越多的学者运用分位数回归模型，郭君平等(2018)运用该模型分析了土地流转的收入分配效应，郭华和李后健(2018)运用该模型分析了农业科技采纳对农村收入分配的影响。所以，为了更深入地分析林地流转对于不同收入农户的收入所产生的作用，本部分将采用分位数回归模型(7-4)来精确剖析自变量对于因变量在整个分布上所造成的影响，以挖掘更多有价值信息。本部分将以是否参与林地流转为解释变量，并对人均林业收入取对数进行回归，为了更加直观地进行比较，本书加入了OLS

回归结果，其回归结果如表7-3所示。

表 7–3　林地流转对人均林业收入的分位数回归结果

	OLS	分位数回归		
		0.25	0.50	0.75
是否参与林地流转	0.316*** (0.062)	0.207*** (0.058)	0.288** (0.136)	0.341** (0.166)
常数项	3.709*** (0.378)	3.631*** (0.388)	4.027*** (0.419)	3.586*** (0.431)
Adjusted R²/Pseudo R²	0.534 1	0.310 1	0.329 0	0.287 5
观测值	6 975	6 975	6 975	6 975

注：*、**、*** 分别表示在 10%、5%、1% 的显著性水平上显著，( ) 内为稳健性标准误。

从表7-3所示的结果可以看出，是否参与林地流转对于农户人均林业收入有较为显著的正向影响。比较 OLS 和分位数回归结果，可以看出参与林地流转在林业收入上的优势高达31.16%（ =exp(0.316)-1），除此之外，从分位数回归结果来分析，林地流转对不同收入水平农户所产生的影响存在明显差异。在25分位点、50分位点和75分位点上，流转户人均林业收入比未流转户分别高出23%（ =exp(0.207)-1）、33.37%（ =exp(0.288)-1）和40.63%（ =exp(0.341)-1）。这说明林地流转规模增加会扩大农户林业收入差距，因此林地流转存在"马太效应"。

以上结果可能与规模经济效应有关。对林地转入方而言，林地经营规模扩大，可以引入新的树种或新的技术，从而提高土地产出率。而且，以前相对过剩的劳动力在转入林地后，每个劳动力配备了更多的土地，这样就提高了劳动的产出率。此外，林地流转吸引了生产性资金的进入，从而改变了投入不足的困境。

林地流转对收入不同的农户的影响不同，这是因为低收入农户由于收入有限，无法在流入林地后投入更多配套资金，所以他们转入的林地有限，也就不能充分享受林地流转带来的好处。而高收入农户投资能力更强，他们能在流入林地后再配套投入更多资金，因此能最大限度地扩大林业经营收入。由此可见，相对于低收入农户，高收入农户从林地流转交易中获得的收益更大。

林地流转对于农户收入所造成的影响除上文所述影响之外，还包括对人均非农收入的影响，与上文一致，解释变量为是否参与林地流转，被解释变量为人均家庭收入的对数，回归结果如表7-4所示。

表7-4　林地流转对人均非农收入的分位数回归结果

	OLS	分位数回归		
		0.25	0.50	0.75
是否参与林地流转	0.376***	0.285***	0.323***	0.331***
	（0.064）	（0.046）	（0.068）	（0.053）
常数项	4.123***	3.845***	3.702***	3.663***
	（0.261）	（0.381）	（0.309）	（0.366）
Adjusted R^2/Pseudo R^2	0.535 0	0.277 4	0.284 3	0.275 2
观测值	6 975	6 975	6 975	6 975

注：*、**、*** 分别表示在10%、5%、1%的显著性水平上显著，（）内为稳健性标准误。

从表7-4的内容可知，是否参与林地流转对于农户非农收入分配效应所造成的影响是不同的，在25分位点、50分为点以及75分位点上的系数呈现上升趋势，参与林地流转对农户人均非农收入的贡献也从32.98%（=exp(0.285)−1）上升到了39.23%（=exp(0.331)−1）。这与林地流转引起的比较优势分工效应有关。有务农优势的农户通过转出林地而释放出更多劳动力，劳动力的外出务工可以为农户赚取更多的收入，促进了劳动力资源的优化配置，这种资源配置的改善能够促进农户非农收入的提高。收入较低的农户对林地的生计依赖程度高，因此在参与林地流转的决策上更趋于保守，从林地流转交易中获取的好处有限。相反，收入越高的农户对林地的依赖程度越低，因此外出务工的倾向会比较大，故而能够充分享受更多林地流转带来的好处。

林地流转对于农户人均家庭收入分配的影响如表7-5所示。

表 7-5　林地流转对人均家庭收入的分位数回归结果

	OLS	分位数回归		
		0.25	0.50	0.75
是否参与林地流转	0.412***	0.317***	0.348***	0.393***
	（0.088）	（0.103）	（0.126）	（0.118）
常数项	6.475***	6.834***	7.012***	5.642***
	（0.367）	（0.421）	（0.583）	（0.663）
Adjusted R²/Pseudo R²	0.489 3	0.267 3	0.287 0	0.296 3
观测值	6 975	6 975	6 975	6 975

注：*、**、*** 分别表示在 10%、5%、1% 的显著性水平上显著,（ ）内为稳健标准误。

从表7-5可知，在25分位点、50分为点和75分位点上，参与林地流转对农户人均家庭收入的贡献分别为：37.3%（ ＝exp(0.317)−1）、44.62%（ ＝exp(0.348)−1）和48.14%（ ＝exp(0.393)−1）。收入较高的农户能积极参与到林地流转中来，通过林地的灵活配置来调整家庭的生产要素，从而增加家庭收入。收入较低的农户在转入时受资金的约束，在转出时受资源禀赋效应的影响，因此不能充分享受林地流转交易带来的收入增长好处。以上结论验证了假设2的正确性。

7.5　本章小结

林地流转会显著改变农户的林地资源配置，还会促进劳动力资源的流动和生产性资金投入的变化。林地、劳动力和资金这些方面的变化必然会引起农户收入的改变。为研究林地流转对农户收入所造成的影响，本书将依照农户收入水平和收入分配这两个不同的视角来分析林地流转所带来的影响：

（1）转入林地面积对于农户人均林业收入以及人均家庭总收入两个方面都造成了显著的正向影响，但是对人均非农业收入造成的影响并不显著。这表明林地转入对于农户的林业收入产生了较大影响。由于林业收入在家庭收入中的占比不大，故而林地转入对家庭收入所产生的影响比对农户林业收入所产生的影响要小。转出林地的面积对人均林业收入的影响并不是很显著，但是对人均非农收入会有显著影响，这说明在转出林地之后，农户有多个渠道获取非农收入，首先是可以选择外出务工来获取工资性收入，其次是转出林地可以获得租金收入，因此，林地的转出能够较为有效地提高农户的非农收入。以上结论说明林地流转存在显著的增收效应，即无论是林地转入还是林地转出，都有利于提高农户的收入水平。

（2）本章进一步地采用分位数回归模型来分析在不同的收入分位上，林地流转对不同收入分位上农户收入的影响是否相同。研究发现：在25分位点、50分位点和75分位点上，林地流转对人均林业收入的贡献分别为23%、33.37%和40.63%；林地流转对人均非农收入的贡献分别为32.98%、38.12%和39.23%；林地流转对农户人均家庭收入的贡献分别为37.3%、44.62%和48.14%。高收入农户通过林地的灵活配置来积极地配置生产要素，从而增加家庭收入。低收入农户在转入时受资金的约束，在转出时受资源禀赋效应的影响，因此不能充分享受林地流转交易带来的收入增长好处。因此，相较于低收入农户群体，高收入农户能从林地流转中收获更多利益。

（3）为提高农户收入分配的公平性，政府应当建立健全农民林地补贴制度，以提高低收入农户参与林地流转的积极性。由于林地流转存在门槛效应，它会使高收入农户比低收入农户的受益程度更大，因此这会扩大农村收入差距。为了防止这种现象，政府应当采取以下措施来提高收入分配的公平：

①建立对低收入农户的补贴制度，提高农户的投资能力，支持他们通过林地流转享受收入增长的好处。

②建立林地流转的优惠政策，支持低收入农户扩大林地流转规模，从而缩减农户人均收入的分配差距。

第8章 结论、政策建议与研究展望

　　林地流转作为配置资源的重要手段，不仅会改变农户对林地资源的配置，还会使一部分农户转入林地，另一部分农户转出林地，从而让每个农户实际经营的林地面积发生较大变化。林地流转会重新配置农户的劳动力资源，随着农户家庭实际经营面积的变化，面积扩大的农户会投入更多的劳动到林业，面积减少的农户会将剩余的生产劳动力投入到非农产业中去。除此之外，林地流转还会改变农户生产性资金的投入规模和结构，有的会增加固定资产投入，有的则会增加流动资产投入。通过上述三方面的影响，林地流转将会对农户收入产生重要的影响。

8.1 结论

　　从全书来看，林地流转对农户生产性活动和收入的影响，可以归纳为以下几个方面：

　　(1)林地流转市场现状。目前林地流转市场规模逐年扩大，样本中已有大概1/7的农户进入了流转市场，其中转入林地的农户占比9.18%，转出林地的农户占比6.02%。但总体来看，林地流转市场中农户的参与率偏低。就流转规模而言，参与林地转出的农户平均转出林地是23.5亩，而参与林地转入的农户平均转入林地是75.22亩。目前流转市场以转入林地为主，这可能与林地流转的价格偏低有关，它有利于林地的转入而不利于林地的转出。从流转的方式来看，其中林地出租占比最大，其次为林地转包和林地转让。从流转对象来看，超过四分之三的林地被转包给了本村的其他村民，只有少部分的林地流转到了外村农户。就参与林地流转的农户比例而言，福建省的比例最高，其次为江西省和湖南省。总体而言，现阶段林地流转市场发育仍然很不完善，存在着诸多问题。

(2)林地流转能促进林地资源的优化配置。从农户林业生产能力和林地流转的回归结果来看，可以发现，林业生产能力对林地转入的概率和数量都有显著的正面影响，并且对林地转出的概率和数量都有显著的负面影响。该结果说明，林地从林业生产能力较低的农户流向林业生产能力更高的农户，这符合经济学中资源优化配置的要求，所以，当前的林地流转在经济上是有效率的，也与政策预期相符。为了验证上述结论的正确与否，本书分别进行了以下检验：代理变量回归、按经营树种回归、分地区回归和更换计量方法，检验结果验证了基准模型实证结果的稳健性。此外，实证结果还显示，林地流转市场可以帮助缺乏林地的农户从林地富余的农户手中流转过来，这促进了林地流转市场的供需均衡。

(3)林地流转能促进劳动力资源的优化配置。为避免农户的林地流转决策与劳动力配置之间的内生性问题，本书决定以林地流转市场为主体来研究其对劳动力配置的影响，而且设置了林地流转成本指数和林地流转规模指数两个变量，前者反映了林地流转的交易费用，后者反映林地流转的活跃程度。通过对农户外出务工的分析，本书发现林地流转成本指数无论是对劳动力外出务工人数还是对外出务工劳动力占比都有显著的负向影响，这一发现说明了交易成本是影响农户劳动力资源配置的一个非常重要的因素，并且在一定程度上阻碍了农户劳动力配置的优化。当林地流转成本指数从0上升到100%时，农户外出务工数量会减少0.4人，占外出务工人数的比重为41.2%。林地流转规模指数对外出务工人数和外出务工劳动力占比都有积极的影响，这说明随着林地流转交易活动越来越多，交易规模越来越大，农户外出务工人数和外出务工比例都会相应地提高。通过对农户留守劳动力的分析，本书发现了林地流转成本指数对留守人员林业劳动供给的积极作用十分显著，这是因为林地流转成本越高，林地就越难流转出去，尽管边际产出较低，但农户也不得不将富余的劳动力投入到林业生产中，从而形成过密化小农现象，这与恰亚诺夫的组织生产理论以及黄宗智的过密化小农理论相符。

（4）林地流转能促进生产性资金资源的优化配置。是否转入与转出林地这两个核心解释变量对农户是否投入生产性资金以及投入水平都有显著影响。转入林地和农户生产性资金投入正相关，并且在所有因素中，其影响程度和作用也是最大的。是否转入林地对农户流动资产投入以及固定资产投入都有着较大的积极影响。随着林地的转入，农户林地经营面积得到了扩张，农户为了实现单位面积的最大化产出，会在转入林地后加大种苗、化肥、农药的投入力度，以提高林业的产出。林地转入会增加农户的林业经营规模，农户经营的林地面积逐渐增加时，家庭的劳动力会日益难以满足逐步扩大的经营需求，为节约劳动力与提高劳动效率，农户会增加林业固定资产特别是林业机械的投入，以促进林业经营的高效进行。从林地转入来看，林地转入会提升农户生产性资金的投入，但它对专业农户的影响比兼业农户更大，而且也更为显著；从林地转出来看，林地转出对专业农户生产性资金投入有着消极影响，但这种显著性水平不明显。林地转出对兼业农户的影响程度较大，所以也呈现较强的显著性。林地流转成本指数对农户的生产性资金投入有负面影响，这说明林地流转交易成本越高，则林地流转的障碍越多，这样将会大大降低林地的流动性，难以吸引更多农户进行生产性资金的投入。以上结论说明，政府应采取更多的便利措施来改善林地流转市场环境，从而吸引更多的农户投入生产性资金。

（5）林地流转对农户人均收入有积极作用，但存在收入分配差异，即收入越高的农户，从林地流转中获益越大。转入林地面积对农户人均林业收入和人均家庭总收入都有明显的积极作用，但是对人均非农收入的影响不是很显著。这说明林地转入对农户的林业收入增长有一定的正面影响，即林地转入可以显著地增加农户的林业收入。但由于林业收入在农户家庭收入中所占的比重并不高，所以转入林地面积对农户家庭收入的影响作用也就相对较小。转出林地面积对人均林业收入的影响不显著，但对人均非农收入有显著影响，说明转出林地后，农户有多个渠道获取非农收入，一方面转出林地将使农户获得林地的租金收入，一方面农户转出林地后可选择外出务工，从而获得工资性收入。以上结论说明林地流转存在显著的增收效应，即无论是林地转入还是林地转出，都有利于提高农户的收入水平。本书进一步采用分位数回归模型的方法，研究发现：在25分位点、50分位点和75分位点上，林地流转对人均林业收入的贡献分别为23%、33.37%和40.63%；林地流转对人均非农收入的贡献分别为32.98%、38.12%和39.23%；林地流转对农户人均家庭收入的贡献分别为37.3%、44.62%和48.14%。高收入农户通过林地的灵活配置来积极地配置生产要素，从而增加家庭收入。低收入农户在转入时受资金的约束，在转出时又受资源禀赋效应的影响，从而不能充分享受林地流转交易带来的收入增长好处。

8.2 政策建议

通过全书的分析，可以发现一个基本事实：林地流转有利于提高农户资源配置的效率，并且促进农户收入的增加，但目前参与林地流转的比例还较低，林地流转对集体林业生产的拉动作用还远没有达到预期。而且，林地流转对高低收入不同的农户的影响存在差异，一般来说，高收入农户受益程度较大，而低收入农户受益程度较小，长此以往，必然会扩大农户间的收入差距。因此，针对以上问题，本书的政策建议有以下几点：

（1）政府应当清理农户在林地流通转让中的障碍，以降低交易成本。建立完善的林地流转市场的体系制度是降低交易成本的根本途径，为此，政府应从以下几个方面着手：

①建立林地流转市场的线上与线下交易市场。林地流转的交易成本包括了信息搜索的成本，信息搜索时间越长，林地流转效率越差；信息信息搜索时间越短，林地流转效率越好。通过建立线上与线下交易市场，为交易各方提供便捷的信息查询、法律咨询等服务，从而高效匹配土地转入需求方与土地转出供给方的信息，迅速撮合双方成交。

②建立一整套林地流转的森林资产评估体系和法律法规。林地流转交易成本还包括交易双方信息不对称的成本，对于流转双方而言，林地林木资产如何科学评估是合理确定交易价格的关键。为此，需要建立包括收益法、成本法和市场法等在内的科学评估方法，以提高森林资产评估的准确度。与此同时，还要建立规范公平的评估程序，来充分保证资产评估和林地流转交易的公平与公正。

③建立林地流转的政府监管体系。林地流转作为新事物，发展规模还较小，因此对它的交易监管还存在很多漏洞，为此，需要政府加强林地流转的全程监管，建立林地流转的交易备案登记制度、交易资格的审查制度、交易纠纷的仲裁制度，只有这样才能更加有效地降低交易监督的履约成本，促进林地流通转让，让交易市场更加活跃和健康地发展。

(2)政府应该加强农村的社会保障体系制度建设，以降低林地的资源禀赋效应。当前林地转出比例低于转入比例的一个重要因素就是农户看重林地的社会保障作用和未来的重要程度。由于农村还没有建立养老保障体系，农户在流出林地后将无法获得养老保障，因此集体林区的农户普遍都不愿转出全部林地，大多数农户转出的只是家庭部分林地。所以，农村的社会保障体系发展完善有利于发展农村林地流转市场，并促进流转市场的日益壮大，从而促进资源的优化配置，提高生产效率。为此，政府应从以下几个方面着手：

①逐步建立起农村的养老保险、最低生活保障和大病保障等一系列制度，解决农民的生活困难，让他们老有所养、病有所医，并稳定农民的未来收入预

期，从而促进林地流转交易的快速发展。

②建立农民工失业保障制度。农民工外出务工的机会依赖于社会经济环境的发展，因此他们的收入并不稳定，而且受劳动技能所限，普遍都处于社会收入的底层。当经济周期处于下行阶段的时候，农民工失业人数就会猛然增加，他们的收入就会得不到保障。因此，农民工失业保障制度的发展完善也是促进林地流转市场活跃发展的重要因素。为此，只有逐步健全该制度，才能活跃市场，降低交易成本。

(3) 政府应当建立健全农民职业培训体系，以促进社会分工。只有不断提高农民的知识和技能，使农民跟上社会发展的节奏，才能促进他们的全面发展。农户无论是外出务工，还是在家务农，要提高收入，只有接受更多的培训和掌握更多的技能，才能适应不断发展的经济形势。为此，政府需要从以下几方面着手：

①建立农民工的技术知识培训体制。对于外出务工人员而言，简单枯燥的工作逐渐被机器人所代替，非农部门各岗位对工人技术的要求逐渐提升，为此，农民只有在掌握更多知识和技能的情况下才能适应就业需求，才能稳定工作和收入。

②建立林业技能培训体系。对于留守的劳动力而言，不同地域不同林地的经营收益相差巨大，如果林业经营得当，所带来的收入并不亚于外出务工收入。因此，只有运用科学的知识技能，才会使林地收入不断提高。而科学合理的经营，就对留守的劳动力提出了更高的技术和技能要求，为此，需要由政府组织建立林业培训体系，以帮助农户合理种苗、合理施肥与科学防治病虫害。

(4) 政府应建立林地流转市场与金融市场的合作机制，以提高农户的投资能力和抗风险能力。生产性资金投入不足会影响林业资源配置效率的提高，它也是林业发展的重要阻碍。林业经营效率的提升需要资金的持续投入，但农民收入有限，靠自身积累很难大幅提高对林业的资金投入水平，而且受门槛效应的影响，很多低收入农户由于融资困难而无法满足扩大林地规模的需求。为此，政府需要从两方面着手：

①建立林权抵押贷款制度，通过林地流转市场与银行、农商行、信用社和小额贷款公司等金融机构的对接，促进林权抵押贷款规模的扩大，从而增强农户的融资能力，以有效支持林地流转市场的发展。

②建立林业经营保险制度，通过林地流转市场与保险公司的对接，在政策保险之外进一步引入商业保险，以有效增强农户经营的抗风险能力。

(5)政府应当建立健全农民林地补贴制度，以提高低收入农户参与林地流转的积极性。第七章的结论说明林地流转存在门槛效应，它会使高收入农户比低收入农户的受益程度更大，因此这会扩大农户收入差距。为了防止这种现象，政府应当采取以下措施来提高收入分配的公平：

①建立对低收入农户的补贴制度，主动降低他们参与林地流转的交易费用，以支持他们通过林地流转享受收入增长的好处。

②建立林地流转的优惠政策，支持低收入农户通过转入来扩大林地经营规模，或者支持低收入农户通过转出林地来进行外出务工，以促使低收入者工资性收入的不断增加，从而缩减农户的分配差距。

8.3　研究展望

针对林地流转可能产生的影响，未来的研究还有以下几个问题值得进一步探讨：

(1)继续调研以扩充本书的样本数。本书的农户样本只有 1 395 份，由于林地流转的农户比例较低，所以目前的分析还难以反映林地流转对农户资源配置和收入影响的全貌。此外，目前的调研范围还只局限于湖南、江西和福建三省，未来的调研应该至少扩展到五省以上，这样本书的结论将更具普适性。

(2)本书的研究聚焦于林地流转对农户资源配置和收入的影响，林地流转不仅对农户，而且还会对地方政府以及相关的林产业都会产生重要影响，目前这方面研究较少，这些问题还有待深入研究，因此，本书研究深入的方向是逐渐提升到中观与宏观层次。

（3）在市场发育程度方面，林地流转市场的发育程度和交易成本有着深刻的联系，林地流转市场的交易成本是用林地流转成本指数和林地流转规模指数来衡量，它对于本书的分析具有重要意义。但是，林地流转市场存在交易成本的原因是什么，它的根源来自哪里，到现在还比较模糊。因此，本书将在后续的研究中逐渐深入到这些部分，以揭示林地流转市场发育落后的原因。

参考文献

[1] 白南生，李靖，陈晨.子女外出务工、转移收入与农村老人农业劳动供给：基于安徽省劳动力输出集中地三个村的研究[J].中国农村经济，2007（10）：46-52.

[2] 曹兰芳，王立群，曾玉林.林改配套政策对农户林业生产行为影响的定量分析：以湖南省为例[J].资源科学，2015，37（2）：391-397.

[3] 陈飞，翟伟娟.农户行为视角下农地流转诱因及其福利效应研究[J].经济研究，2015，50（10）：163-177.

[4] 陈躬林，严思屏.制约农户农业投资的深层次因素分析[J].福建论坛（经济社会版），2003（6）：45-48.

[5] 陈海磊，史清华，顾海英.农户土地流转是有效率的吗？：以山西为例[J].中国农村经济，2014（7）：61-71，96.

[6] 陈和午，聂斌.农户土地租赁行为分析：基于福建省和黑龙江省的农户调查[J].中国农村经济，2006（2）：42-48.

[7] 陈训波，武康平，贺炎林.农地流转对农户生产率的影响：基于DEA方法的实证分析[J].农业技术经济，2011（8）：65-71.

[8] 陈媛媛，傅伟.土地承包经营权流转、劳动力流动与农业生产[J].管理世界，2017（11）：79-93.

[9] 程名望，史清华，Jin Yan hong，等.农户收入差距及其根源：模型与实证 [J].管理世界，2015（7）：17-28.

[10] 程名望，史清华.个人特征、家庭特征与农村剩余劳动力转移：一个基于 Probit 模型的实证分析 [J].经济评论，2010（4）：49-55.

[11] 仇童伟.土地确权如何影响农民的产权安全感知？：基于土地产权历史情景的分析 [J].南京农业大学学报（社会科学版），2017，17（4）：95-109，158-159.

[12] 崔会.农村土地承包经营权流转对农民实际收入的影响分析 [J].特区经济，2013（6）：93-95.

[13] 邓霞，罗翔.农村土地经营权流转的实证分析：以四川省遂宁市农村土地流转情况为例 [J].农村经济，2006（8）：31-33.

[14] 定光平，张安录.惠农政策下鄂中南地区农地租赁问题的调查与分析 [J].中国地质大学学报（社会科学版），2008（2）：55-59.

[15] 杜钰玮，万志芳.基于 DEA-Malmquist 指数的林业产业转型效率评价：以黑龙江省国有林区为例 [J].林业经济，2019，41（5）：32-37.

[16] 冯玲玲，邱道持，赵亚萍，等.重庆市璧山县农户农地流转意愿研究 [J].广西农业科学，2008（4）：551-556.

[17] 冯楠，周昭雄.滁州市土地流转对农民收入影响的实证分析 [J].农村经济与科技，2014，25（8）：121-123.

[18] 盖庆恩，朱喜，程名望，等.土地资源配置不当与劳动生产率 [J].经济研究，2017，52（5）：117-130.

[19] 盖庆恩，朱喜，程名望，等.要素市场扭曲、垄断势力与全要素生产率 [J].经济研究，2015，50（5）：61-75.

[20] 盖庆恩，朱喜，史清华.劳动力转移对中国农业生产的影响 [J].经济学（季刊），2014，13（3）：1147-1170.

[21] 高岚，徐冬梅.个体禀赋与认知对农户林地流转行为的影响：基于意愿与行为一致视角分析 [J].林业科学，2018，54（7）：137-145.

[22] 高立英.集体林地经营规模分析：与林地规模经营观点的商榷 [J].林业经济问题，2007（4）：376-379.

[23] 高梦滔，姚洋.农户收入差距的微观基础：物质资本还是人力资本？[J].经济研究，2006（12）：71-80.

[24] 高欣，张安录，杨欣，等.湖南省5市农地流转对农户增收及收入分配的影响 [J].中国土地科学，2016，30（9）：48-56.

[25] 郜亮亮，黄季焜，Rozelle Scott，等.中国农地流转市场的发展及其对农户投资的影响 [J].经济学（季刊），2011，10（4）：1499-1514.

[26] 郜亮亮，黄季焜，冀县卿.村级流转管制对农地流转的影响及其变迁 [J].中国农村经济，2014（12）：18-29.

[27] 郜亮亮，黄季焜.不同类型流转农地与农户投资的关系分析 [J].中国农村经济，2011（4）：9-17.

[28] 郭华，李后建.农业科技采纳对中国农村收入及分配效应的影响 [J].宏观经济研究，2018（8）：115-130.

[29] 郭君平，曲颂，夏英，等.农村土地流转的收入分配效应 [J].中国人口·资源与环境，2018，28（5）：160-169.

[30] 韩菡，钟甫宁.劳动力流出后"剩余土地"流向对于当地农民收入分配的影响 [J].中国农村经济，2011（4）：18-25.

[31] 何文剑，张红霄，汪海燕.林权改革、林权结构与农户采伐行为：基于南方集体林区7个重点林业县（市）林改政策及415户农户调查数据 [J].中国农村经济，2014（7）：81-96.

[32] 何欣，蒋涛，郭良燕，等.中国农地流转市场的发展与农户流转农地行为研究：基于2013～2015年29省的农户调查数据 [J].管理世界，2016（6）：

79-89.

[33] 贺东航，肖文.集体林权流转中的政府监管制度研究[J].华中师范大学学报（人文社会科学版），2010，49（2）：18-22.

[34] 贺新军，阎建忠，杨柳.农地流转对山区农业生产效率与公平的影响：以重庆三个区县为例[J].农业现代化研究，2019，40（4）：591-600.

[35] 贺振华.农户外出、土地流转与土地配置效率[J].复旦学报（社会科学版），2006（4）：95-103.

[36] 洪炜杰，陈小知，胡新艳.劳动力转移规模对农户农地流转行为的影响：基于门槛值的验证分析[J].农业技术经济，2016（11）：14-23.

[37] 侯建昀，霍学喜.专业化农户农地流转行为的实证分析：基于苹果种植户的微观证据[J].南京农业大学学报（社会科学版），2016，16（2）：93-104，155.

[38] 侯翎.我国集体林权流转制度分析及发展对策建议[J].国家林业局管理干部学院学报，2014，13（2）：40-44.

[39] 侯一蕾，王昌海，吴静，等.南方集体林区林地规模化经营的理论探析[J].北京林业大学学报（社会科学版），2013，12（4）：1-6.

[40] 胡豹.农业结构调整中农户决策行为研究：基于浙江、江苏两省的实证[D].杭州：浙江大学，2004.

[41] 胡初枝，黄贤金，张力军.农户农地流转的福利经济效果分析：基于农户调查的分析[J].经济问题探索，2008（1）：184-186.

[42] 黄安胜，张春霞，苏时鹏，等.南方集体林区林农资金投入行为分析[J].林业经济，2008（6）：67-70.

[43] 黄森慰，苏时鹏，张春霞.福建省私有林经营效率实证研究[J].林业经济，2011（10）：72-74.

[44] 黄祖辉，王建英，陈志钢.非农就业、土地流转与土地细碎化对稻农技术

效率的影响 [J]. 中国农村经济, 2014（11）：4-16.

[45] 吉登艳 . 新一轮集体林权制度改革对农户林地利用行为及收入的影响研究：基于农户产权认知的角度 [D]. 南京：南京农业大学, 2015.

[46] 江晓敏, 郑旭媛, 洪燕真, 等 . 补贴政策、家庭禀赋特征与林业经营规模效率：以 324 份油茶微观调研数据为例 [J]. 东南学术, 2017（5）：174-181.

[47] 姜松, 王钊 . 土地流转、适度规模经营与农民增收：基于重庆市数据实证 [J]. 软科学, 2012, 26（9）：75-79.

[48] 金丽馥, 冉双全 . 土地流转背景下增加农民财产性收入研究 [J]. 商业时代, 2012（3）：94-95.

[49] 金松青, KLAUS DEININGER. 中国农村土地租赁市场的发展及其在土地使用公平性和效率性上的含义 [J]. 经济学（季刊）, 2004（3）：1003-1028.

[50] 柯水发, 李周 . 农户林地使用权流转意愿影响因素的实证分析 [J]. 学海, 2011（2）：102-108.

[51] 柯水发, 严如贺, 乔丹 . 林地适应性经营的成本效益分析：以筠连县春风村林下种植中草药为例 [J]. 农林经济管理学报, 2018, 17（2）：169-176.

[52] 孔凡斌, 杜丽 . 集体林权制度改革中的林权流转及规范问题研究 [J]. 林业经济问题, 2008（5）：377-384.

[53] 孔凡斌, 廖文梅 . 基于收入结构差异化的农户林地流转行为分析：以江西省为例 [J]. 中国农村经济, 2011（8）：89-97.

[54] 孔凡斌, 廖文梅 . 集体林地细碎化、农户投入与林产品产出关系分析：基于中国 9 个省（区）2420 户农户调查数据 [J]. 农林经济管理学报, 2014, 13（1）：64-73.

[55] 孔凡斌, 廖文梅 . 集体林分权条件下的林地细碎化程度及与农户林地投入产出的关系：基于江西省 8 县 602 户农户调查数据的分析 [J]. 林业科学,

2012，48（4）：119-126.

[56] 孔凡斌，廖文梅.中国林业市场化进程的林业发展效应：基于31个省（市、自治区）2002—2011年相关统计数据 [J].林业科学，2013，49（12）：126-135.

[57] 赖作卿，张忠海.基于 DEA 方法的广东林业投入产出效率分析 [J].林业经济问题，2008（4）：323-326.

[58] 冷小黑.农户林业资金投入影响因素理论分析 [J].宜春学院学报，2010，32（9）：75-77.

[59] 李承政，顾海英，史清华.农地配置扭曲与流转效率研究：基于1995—2007年浙江样本的实证 [J].经济科学，2015（3）：42-54.

[60] 李春华，李宁，骆华莹，等.基于 DEA 方法的中国林业生产效率分析及优化路径 [J].中国农学通报，2011，27（19）：55-59.

[61] 李功奎，钟甫宁.农地细碎化、劳动力利用与农民收入：基于江苏省经济欠发达地区的实证研究 [J].中国农村经济，2006（4）：42-48.

[62] 李桦，姚顺波，刘璨，等.新一轮林权改革背景下南方林区不同商品林经营农户农业生产技术效率实证分析：以福建、江西为例 [J].农业技术经济，2015（3）：108-120.

[63] 李京轩，陈秉谱，杨璐嘉.基于 DEA 模型的甘肃省林业投入产出效率研究 [J].西北林学院学报，2017，32（2）：315-320.

[64] 李兰英，周子贵，郑文彪，等.林权流转价格及其影响因素的实证研究：基于浙江省342个样本的分析 [J].林业经济问题，2015，35（5）：385-389.

[65] 李力东.调整或确权：农村土地制度的公平与效率如何实现？：基于山东省 L 村的调查研究 [J].公共管理学报，2017，14（1）：117-127，159.

[66] 李丽明，吴一平.农村土地流转与农民收入关系实证分析：基于滑县176

户调研数据 [J]. 现代农业科技，2015（5）：341-343.

[67] 李琳，许兆君，曹玉昆.黑龙江省林区国有森工企业生产效率测算：基于三阶段 DEA 模型 [J]. 林业经济，2012（4）：51-55.

[68] 李庆海，李锐，王兆华.农户土地租赁行为及其福利效果 [J]. 经济学（季刊），2012，11（1）：269-288.

[69] 李晓格，徐秀英.林地规模对农户林地投入的影响分析 [J]. 林业经济问题，2013，33（5）：421-426，437.

[70] 李怡，高岚，刘一明.我国林权流转效益分析与评价 [J]. 农村经济，2016（2）：44-49.

[71] 李中.农村土地流转与农民收入：基于湖南邵阳市跟踪调研数据的研究 [J]. 经济地理，2013，33（5）：144-149.

[72] 李周.改进集体林业政策 加速集体林业发展 [J]. 林业经济，2006（6）：16-18.

[73] 李周.集体林权改革的评价与思考 [J]. 林业经济评论，2011（1）：33-41.

[74] 李周.林权改革的评价与思考 [J]. 林业经济，2008（9）：3-8.

[75] 廖文梅，张广来，周孟祺.林地细碎化对农户林业科技采纳行为的影响分析：基于江西吉安的调查 [J]. 江西社会科学，2015，35（3）：224-229.

[76] 林乐芬，王军.转型和发展中国家农地产权改革及其市场效应评述 [J]. 经济学动态，2010（12）：121-125.

[77] 林丽梅，刘振滨，许佳贤，等.家庭禀赋对农户林地流转意愿及行为的影响：基于闽西北集体林区农户调查 [J]. 湖南农业大学学报（社会科学版），2016，17（2）：16-21.

[78] 林琴琴，吴承祯，刘标.福建省林农林地林木转出行为影响因素分析 [J]. 福建农林大学学报（哲学社会科学版），2013，16（4）：62-66.

[79] 林伊宸，梁恩思，倪中烨.林地规模对林农营林投入及其结构的影响：基

于浙江省三县市调查数据 [J]. 农村经济与科技，2018，29（23）：71-72，111.

[80] 刘璨，于法稳.东北国有林区企业效率测算与分析：DEA 方法 [J]. 产业经济评论，2006，5（1）：107-121.

[81] 刘璨，于法稳.中国南方集体林区制度安排的技术效率与减缓贫困：以沐川、金寨和遂川 3 县为例 [J]. 中国农村观察，2007（3）：16-26，40.

[82] 刘璨，张永亮，刘浩.我国集体林权制度改革现状、问题及对策：中国集体林产权制度改革相关政策问题研究报告 [J]. 林业经济，2015，37（4）：3-11.

[83] 刘璨，张永亮，赵楠，等.集体林权制度改革发展现状、问题及对策 [J]. 林业经济，2017，39（7）：3-14，22.

[84] 刘璨.我国南方集体林区主要林业制度安排及绩效分析 [J]. 管理世界，2005（9）：79-87.

[85] 刘鸿渊，陈怡男.农地流转与农民土地收入可持续增长探索 [J]. 农村经济，2014（12）：10-14.

[86] 刘晶，刘璨，杨红强，等.林地细碎化程度对农户营林积极性的影响 [J]. 资源科学，2018，40（10）：2029-2038.

[87] 刘林，孙洪刚，吴大瑜，等.新一轮集体林权改革后林区农户的林业生产效率研究 [J]. 林业经济问题，2018，38（3）：7-12，98.

[88] 刘珉.集体林权制度改革：农户种植意愿研究：基于 Elinor Ostrom 的 IAD 延伸模型 [J]. 管理世界，2011（5）：93-98.

[89] 刘明昕，王会，姜雪梅.农户农业雇工行为及其影响因素分析：基于河北省丰宁县 291 户调研数据 [J]. 中国农业资源与区划，2018，39（6）：193-200.

[90] 刘涛，曲福田，金晶，等.土地细碎化、土地流转对农户土地利用效率的影响 [J]. 资源科学，2008（10）：1511-1516.

[91] 刘小强，王立群.集体林权制度改革对森林资源影响实证分析 [J].林业经济，2010（6）：40-45.

[92] 刘颖，南志标.农地流转对农地与劳动力资源利用效率的影响：基于甘肃省农户调查数据的实证研究 [J].自然资源学报，2019，34（5）：957-974.

[93] 卢华，胡浩，耿献辉.土地细碎化、地块规模与农业生产效益：基于江苏省调研数据的经验分析 [J].华中科技大学学报（社会科学版），2016，30（4）：81-90.

[94] 罗必良.科斯定理：反思与拓展：兼论中国农地流转制度改革与选择 [J].经济研究，2017，52（11）：178-193.

[95] 罗金，张广胜.中国北方集体林权制度改革路径与林农生产决策 [J].世界林业研究，2011，24（3）：47-52.

[96] 罗迈钦.我国农地流转瓶颈及其破解：基于湖南省225792农户家庭土地流转情况的调查分析 [J].求索，2014（6）：77-80.

[97] 罗小锋，李兆亮，李容容，等.中国林业生产效率的时空差异及其影响因素研究 [J].干旱区资源与环境，2017，31（3）：95-100.

[98] 马会，吴云勇.我国农村剩余劳动力转移与土地流转的协同推进分析 [J].广西社会科学，2015（2）：73-76.

[99] 冒佩华，徐骥，贺小丹，等.农地经营权流转与农民劳动生产率提高：理论与实证 [J].经济研究，2015，50（11）：161-176.

[100] 冒佩华，徐骥.农地制度、土地经营权流转与农民收入增长 [J].管理世界，2015（5）：63-74，88.

[101] 孟令国，余水燕.土地流转与农村劳动力转移：基于人口红利的视角 [J].广东财经大学学报，2014，29（2）：61-66.

[102] 彭代彦，吴扬杰.农地集中与农民增收关系的实证检验 [J].中国农村经济，2009（4）：17-22.

[103] 钱杭.什么是农民？[J].社会观察，2005（12）：3-4.

[104] 钱龙.非农就业、农地流转与农户农业生产变化 [D].杭州：浙江大学，2017.

[105] 钱龙，洪名勇.非农就业、土地流转与农业生产效率变化：基于 CFPS 的实证分析 [J].中国农村经济，2016（12）：2-16.

[106] 钱忠好，王兴稳.农地流转何以促进农户收入增加：基于苏、桂、鄂、黑四省（区）农户调查数据的实证分析 [J].中国农村经济，2016（10）：39-50.

[107] 秦山平，周宝同，后学峰.重庆市农村土地流转对农民收入的贡献分析：基于重庆市永川区青峰镇农户调查 [J].咸宁学院学报，2012，32（5）：10-12.

[108] 邱怡慧，王璞，苏时鹏.林地生计依赖性测算及其与农户林地流转意愿关联性研究 [J].资源开发与市场，2018，34（8）：1054-1059.

[109] 屈小博.不同规模农户生产技术效率差异及其影响因素分析：基于超越对数随机前沿生产函数与农户微观数据 [J].南京农业大学学报（社会科学版），2009，9（3）：27-35.

[110] 冉陆荣.职业分化背景下农户林地流转决策行为选择分析 [J].林业经济问题，2018，38（4）：14-17，100.

[111] 任洋，JARI KUULUVAINEN，姚顺波，等.地权结构和村庄民主对农户林业投入的影响 [J].西北农林科技大学学报（社会科学版），2019，19（1）：128-136.

[112] 申津羽，韩笑，侯一蕾，等.基于三阶段 DEA 模型的南方集体林区不同林业经营形式效率研究 [J].南京林业大学学报（自然科学版），2015，39（2）：104-110.

[113] 石丽芳，王波.农户林地经营的效率和适度规模问题探究：基于福建集

体林区农户调查分析 [J]. 林业经济问题，2016，36（6）：489-493.

[114] 石丽芳. 基于福建农户调查的林地经营效率与规模效应实证分析 [J]. 海峡科学，2016（7）：81-84.

[115] 史常亮，栾江，朱俊峰，等. 土地流转对农户收入增长及收入差距的影响：基于8省农户调查数据的实证分析 [J]. 经济评论，2017（5）：152-166.

[116] 史常亮，栾江，朱俊峰. 土地经营权流转、耕地配置与农民收入增长 [J]. 南方经济，2017（10）：36-58.

[117] 史常亮，栾江，朱俊峰. 土地流转促进了农地资源的优化配置吗？：基于8省858个农户样本的经验分析 [J]. 西北工业大学学报（社会科学版），2016，36（4）：20-29.

[118] 史常亮. 土地流转对农户资源配置及收入的影响研究 [D]. 北京：中国农业大学，2018.

[119] 舒斌，沈月琴，贺永波，等. 林业补贴对浙江省农户林业投入影响的实证分析 [J]. 浙江农林大学学报，2017，34（3）：534-542.

[120] 宋长鸣，向玉林. 林业技术效率及其影响因素研究：基于随机前沿生产函数 [J]. 林业经济，2012（2）：66-70.

[121] 苏群，汪霏菲，陈杰. 农户分化与土地流转行为 [J]. 资源科学，2016，38（3）：377-386.

[122] 苏时鹏，马梅芸，林群. 集体林权制度改革后农户林业全要素生产率的变动：基于福建农户的跟踪调查 [J]. 林业科学，2012，48（6）：127-135.

[123] 孙小宇，郑逸芳，许佳贤. 现阶段农地流转与农村劳动力转移的影响研究：基于CHIP2013数据的实证分析 [J]. 河北农业大学学报（社会科学版），2019，21（1）：109-115.

[124] 滕海峰. 欠发达地区土地要素对农户收入影响的实证研究：基于甘肃省青城镇344家农户调查 [J]. 甘肃理论学刊，2013（5）：175-179.

[125] 田传浩，李明坤. 土地市场发育对劳动力非农就业的影响：基于浙、鄂、陕的经验 [J]. 农业技术经济，2014（8）：11-24.

[126] 田传浩，贾生华. 农地市场发育、耕地配置与反贫困：基于苏浙鲁村庄的经验 [C]// 中国土地学会，中国土地勘测规划院，国土资源部土地利用重点实验室. 2008 年中国土地学会学术年会论文集. 北京：中国土地学会、中国土地勘测规划院、国土资源部土地利用重点实验室，2008：16.

[127] 田杰，石春娜，国亮. 基于三阶段 DEA 模型的林业生产要素配置效率研究 [J]. 林业经济问题，2017，37（6）：72-77，109.

[128] 田杰，石春娜. 不同林地经营规模农户的林业生产要素配置效率及其影响因素研究 [J]. 林业经济问题，2017，37（5）：73-78，109.

[129] 汪建红，曹建华. 农村土地流转机制效应与绩效：以江西为例 [J]. 江西农业大学学报（社会科学版），2006（4）：32-35.

[130] 王成军，费喜敏，徐秀英. 农村劳动力转移与农户间林地流转：基于浙江省两个县（市）调查的研究 [J]. 自然资源学报，2012，27（6）：893-900.

[131] 王春超. 农村土地流转、劳动力资源配置与农民收入增长：基于中国 17 省份农户调查的实证研究 [J]. 农业技术经济，2011（1）：93-101.

[132] 王嫚嫚，刘颖，蒯昊，等. 土地细碎化、耕地地力对粮食生产效率的影响：基于江汉平原 354 个水稻种植户的研究 [J]. 资源科学，2017，39（8）：1488-1496.

[133] 王倩，余劲. 农地流转背景下地块规模对农户种粮投入影响分析 [J]. 中国人口·资源与环境，2017，27（5）：129-137.

[134] 王晓兵，侯麟科，张砚杰，等. 中国农村土地流转市场发育及其对农业生产的影响 [J]. 农业技术经济，2011（10）：40-45.

[135] 王翊嘉，黄森慰，苏时鹏. 产权异质性、林地流转与林业经营效率：来

自福建省 664 户山区农户的调查 [J]. 资源开发与市场，2019，35（2）：162-167.

[136] 夏春萍，韩来兴. 农户林地投入影响因素实证分析：以利川市为例 [J]. 华中师范大学学报（自然科学版），2012，46（4）：488-493.

[137] 肖慧婷，谢芳婷，朱述斌. 农户劳动力迁移程度对林地流转的影响分析 [J]. 林业经济问题，2019，39（1）：30-37.

[138] 肖龙铎，张兵. 土地流转与农户内部收入差距扩大：基于江苏 39 个村 725 户农户的调查分析 [J]. 财经论丛，2017（9）：10-18.

[139] 邢鹂，樊胜根，罗小朋，等. 中国西部地区农村内部不平等状况研究：基于贵州住户调查数据的分析 [J]. 经济学（季刊），2009，8（1）：325-346.

[140] 徐董寒，徐秀英. 农户生计非农化对林地转出意愿的影响研究 [J]. 林业经济问题，2018，38（2）：14-19，100.

[141] 徐婷婷，李桦. 集体林权配套改革非农就业地理距离与农户林业投入行为：基于 9 省 18 县面板数据的验证 [J]. 林业经济问题，2016，36（5）：399-405.

[142] 徐秀英，付双双，李晓格，等. 林地细碎化、规模经济与竹林生产：以浙江龙游县为例 [J]. 资源科学，2014，36（11）：2379-2385.

[143] 徐秀英，李兰英，李晓格，等. 林地细碎化对农户林业生产技术效率的影响：以浙江省龙游县竹林生产为例 [J]. 林业科学，2014，50（10）：106-112.

[144] 徐秀英，任腾腾，陈高杰，等. 林地流转对农户林地投入的影响分析 [J]. 浙江农林大学学报，2013，30（4）：463-469.

[145] 徐秀英，石道金，杨松坤，等. 农户林地流转行为及影响因素分析：基于浙江省临安、安吉的农户调查 [J]. 林业科学，2010，46（9）：149-157.

[146] 徐玉婷，黄贤金，程久苗. 农地流转效率研究进展与启示 [J]. 中国农业资源与区划，2016，37（6）：229-236.

[147] 徐志刚，宁可，朱哲毅，等．市场化改革、要素流动与我国农村内部收入差距变化 [J]. 中国软科学，2017（9）：38-49.

[148] 徐志刚，谭鑫，郑旭媛，等．农地流转市场发育对粮食生产的影响与约束条件 [J]. 中国农村经济，2017（9）：26-43.

[149] 许东鹏，葛孚桥．广东农村土地流转问题研究 [J]. 南方农村，2013，29（12）：37-44.

[150] 许恒周，郭玉燕．农民非农收入与农村土地流转关系的协整分析：以江苏省南京市为例 [J]. 中国人口•资源与环境，2011，21（6）：61-66.

[151] 许凯，张升．集体林地流转影响因素分析：基于 7 省 3500 个样本农户数据 [J]. 林业经济，2015，37（4）：12-20，46.

[152] 许庆，陆钰凤．非农就业、土地的社会保障功能与农地流转 [J]. 中国人口科学，2018（5）：30-41，126-127.

[153] 许庆，田士超，徐志刚，等．农地制度、土地细碎化与农民收入不平等 [J]. 经济研究，2008（2）：83-92，105.

[154] 薛凤蕊，乔光华，苏日娜．土地流转对农民收益的效果评价：基于 DID 模型分析 [J]. 中国农村观察，2011（2）：36-42，86.

[155] 杨冬梅，雷显凯，康小兰，等．集体林权制度改革配套政策对农户林业生产经营效率的影响研究 [J]. 林业经济问题，2019，39（2）：135-142.

[156] 杨朔，于文海，李世平．基于 DEA 非有效改进的陕西省耕地生产效率研究 [J]. 中国土地科学，2013，27（10）：62-68.

[157] 杨涛，朱博文．农村土地流转的效益分析与对策思考 [J]. 农业现代化研究，2002（2）：106-109.

[158] 杨扬，李桦，薛彩霞，等．林业产权、市场环境对农户不同生产环节林业投入的影响：来自集体林改试点省福建林农的调查 [J]. 资源科学，2018，40（2）：427-438.

[159] 杨志海，麦尔旦·吐尔孙，王雅鹏．健康冲击对农村中老年人农业劳动供给的影响：基于CHARLS数据的实证分析 [J].中国农村观察，2015（3）：24-37．

[160] 姚顺波．林业补助与林木补偿制度研究：兼评森林生态效益研究的误区 [J].林业科学，2005（6）：88-91．

[161] 姚洋．非农就业结构与土地租赁市场的发育 [J].中国农村观察，1999（2）：16-21，37．

[162] 姚洋．土地、制度和农业发展 [M].北京：北京大学出版社，2004．

[163] 姚洋．中国农地制度：一个分析框架 [J].中国社会科学，2000（2）：54-65，206．

[164] 游和远，吴次芳．农地流转、禀赋依赖与农村劳动力转移 [J].管理世界，2010（3）：65-75．

[165] 于艳丽，李桦，姚顺波．林权改革、市场激励与农户投入行为 [J].农业技术经济，2017（10）：93-105．

[166] 余小英，王成璋．农村土地流转制度变迁与农民收入的关系分析 [J].湖北农业科学，2014，53（22）：5597-5601，5613．

[167] 岳意定，刘莉君．基于网络层次分析法的农村土地流转经济绩效评价 [J].中国农村经济，2010（8）：36-47．

[168] 翟秋，李桦，姚顺波．后林权改革视角下家庭林地经营效率研究 [J].西北农林科技大学学报（社会科学版），2013，13（2）：64-69．

[169] 詹礼辉，苏时鹏，陈淑凤，等．林地细碎化、林地流转对林地资源配置效率的影响分析 [J].资源开发与市场，2016，32（10）：1209-1213．

[170] 张海鹏，徐晋涛．集体林权制度改革的动因性质与效果评价 [J].林业科学，2009，45（7）：119-126．

[171] 张寒，程娟娟，刘璨．基于内生性视角的非农就业对林地流转的效应评价：

来自 9 省 1497 户林农的连续监测数据 [J]. 农业技术经济，2018（1）：122-131.

[172] 张寒，杨红强，陈海滨，等. 非农就业对林地流转的影响：基于双内生视角的 MV Tobit 估计 [J]. 资源科学，2018，40（8）：1505-1514.

[173] 张会萍，刘如，马成富. 土地流转对农村已婚妇女劳动力转移的影响：基于宁夏银北地区的调查 [J]. 广东农业科学，2015，42（18）：187-192.

[174] 张建刚. 基于 DEA 方法的我国营林生产绩效评价研究 [J]. 林业经济，2012（4）：56-60.

[175] 张俊清，吕杰. 集体林权制度改革下林农对用材林的投入行为分析 [J]. 林业资源管理，2008（4）：40-43.

[176] 张笑寒，黄贤金. 论农地制度创新与农业劳动力转移 [J]. 中国人口·资源与环境，2003，13（5）：41-45.

[177] 张永丽，梁顺强. 土地流转对农村劳动力流动的影响 [J]. 干旱区资源与环境，2018，32（8）：45-51.

[178] 张璋，周海川. 非农就业、保险选择与土地流转 [J]. 中国土地科学，2017，31（10）：42-52.

[179] 张自强，高岚，李怡. 农户林地流转提高林业生产效率吗？：分树种情况下 DEA-Tobit 模型分析 [J]. 世界林业研究，2017，30（3）：75-80.

[180] 张自强，李怡. 环境变迁、流转价格与林地流转意愿：基于粤、赣两省的农户调查 [J]. 资源科学，2017，39（11）：2062-2072.

[181] 张自强，李怡. 轮伐期与农户林地流转意愿：分树种经营的权能匹配 [J]. 农村经济，2017（11）：23-28.

[182] 张宗毅，刘小伟，张萌. 劳动力转移背景下农业机械化对粮食生产贡献研究 [J]. 农林经济管理学报，2014，13（6）：595-603.

[183] 章奇，米建伟，梁勤. 要素禀赋、政策性干预与 90 年代中国农村土地租

赁市场中的配给现象：一个基于局部可观测模型的估计 [J]. 世界经济文汇，2007（3）：1-15.

[184] 郑风田，阮荣平. 新一轮集体林权改革评价：林地分配平等性视角：基于福建调查的实证研究 [J]. 经济理论与经济管理，2009（10）：52-59.

[185] 郑逸芳，许佳贤，孙小霞，等. 福建三大林种农户经营规模效率比较分析 [J]. 林业经济，2011（12）：53-55.

[186] 钟甫宁，纪月清. 土地产权、非农就业机会与农户农业生产投资 [J]. 经济研究，2009，44（12）：43-51.

[187] 周春芳. 发达地区农村老年人农业劳动供给影响因素研究 [J]. 人口与经济，2012（5）：95-101.

[188] 周来友. 江西丘陵地区非农就业类型对农业生产效率的影响：基于农地流转和农地投入的考察 [D]. 南京：南京农业大学，2017.

[189] 朱建军，郭霞，常向阳. 农地流转对土地生产率影响的对比分析 [J]. 农业技术经济，2011（4）：78-84.

[190] 朱建军，胡继连. 农地流转对我国农民收入分配的影响研究：基于中国健康与养老追踪调查数据 [J]. 南京农业大学学报（社会科学版），2015，15（3）：75-83，124.

[191] 朱建军，舒帮荣. 农地经营权配置对农户收入影响的实证分析 [J]. 南京农业大学学报（社会科学版），2012，12（2）：77-82，109.

[192] 朱烈夫，林文声，柯水发. 林地细碎化的测度、成因与影响：综述与展望 [J]. 林业经济问题，2017，37（2）：1-8，96.

[193] 朱文珏，罗必良. 行为能力、要素匹配与规模农户生成：基于全国农户抽样调查的实证分析 [J]. 学术研究，2016（8）：83-92，177.

[194] 朱文清，张莉琴. 集体林地确权到户对林地流转的政策效果分析 [J]. 资源科学，2018，40（7）：1407-1417.

[195] 朱烨, 刘强, 吴伟光. 林业劳动力女性化状况及其对林业生产效率的影响：以竹林生产为例 [J]. 农业技术经济, 2018（5）：104-111.

[196] 左孝凡, 王翊嘉, 苏时鹏. 林地流转减贫效应研究 [J]. 林业经济问题, 2018, 38（6）：34-41, 103.

[197] AJZEN I.The theory of planned behavior[J].Organizational behavior and human decision processes, 1991,50(2):179–211.

[198] BERT F, NORTH M, ROVERE S, et al. Simulating agricultural land rental markets by combining agent-based models with traditional economics concepts: the case of the Argentine Pampas[J]. Environmental modelling & software, 2015, 71: 97-110.

[199] BESLEY T. Property rights and investment incentives: theory and micro-evidence from Ghana[J]. Journal of political economy, 1993, 103(5):903-937.

[200] HOLDEN S, BEZU S. Land access and youth livelihood opportunities in Southern Ethiopia[J]. CLTS Working papers, 2013,11..

[201] BHATTACHARYA P. Determinants of land leasing decisions in shrimp farming in West Bengal, India: implications for government policy.[J]. Asian journal of agriculture & development, 2013, 10:79-90.

[202] BRANDT L, ROZELLE S, TURNER M A. Local government behavior and property right formation in rural China[J]. Social science electronic publishing, 2004, 160(4): 627-662.

[203] CARTER M R, YAO Y. Local versus global separability in agricultural household models: the factor price equalization effect of land transfer rights[J]. American journal of agricultural economics, 2002, 84(3): 702-715.

[204] CHAMBERLIN J, RICKER-GILBERT J. Participation in rural land rental markets in Sub-Saharan Africa: who benefits and by how much? Evidence

from Malawi and Zambia[J]. American journal of agricultural economics, 2016(7): 1507-1528.

[205] CHANG H, DONG X Y, MACPHAIL F. Labor migration and time use patterns of the left-behind children and elderly in rural China[J]. World development, 2011, 39(12): 2199-2210.

[206] CHE Y. Off-farm employments and land rental behavior: evidence from rural China[J]. China agricultural economic review, 2016, 8(1):37-54.

[207] CHEN C, RESTUCCIA D, Santaeulàlia-Llopis R. The effects of land markets on resource allocation and agricultural productivity[R]. Washington: National bureau of economic research, 2017.

[208] COLIN J P. Securing rural land transactions in Africa: an Ivorian perspective [J]. Land use policy, 2013, 31: 430-440.

[209] CRAGG J G.Some statistical models for limited dependent variables with application to the demand for durable goods[J].Empirical economics, 1971, 39(5):829-844.

[210] DARNHOFER I, SCHNEEBERGER W, FREYER B. Converting or not converting to organic farming in Austria: farmer types and their rationale[J]. Agriculture and human values, 2005, 22(1): 39-52.

[211] DEINLNGER K, BINSWANGER H. The evolution of the World Bank's land policy: principles, experience, and future challenges[J]. The world bank research observer, 1999, 14(2): 247-276.

[212] DEININGER K, JIN S.The potential of land rental markets in the process of economic development: evidence from China[J].Journal of development economics, 2005, 78(1): 241-270.

[213] DUBEY P. Investment in small-scale forestry enterprises: a strategic perspective

for India[J]. Small-scale forestry, 2008, 7(2): 117-138.

[214] FENG S , HEERINK N. Are farm households' land renting and migration decisions inter-related in rural China?[J]. NIAS - Wageningen journal of life sciences, 2008, 55(4):345-362.

[215] FEOLA G, BINDER C R. Towards an improved understanding of farmers' behaviour: the integrative agent-centred (IAC) framework[J]. Ecological economics, 2010, 69(12): 2323-2333.

[216] HOLDEN S T, GHEBRU H. Land rental market legal restrictions in Northern Ethiopia[J]. Land use policy, 2016, 55:212-221.

[217] HOLTSLAG-BROEKHOF S M, BEUNEN R, VAN MARWIJK R, et al. "Let's try to get the best out of it" understanding land transactions during land use change[J]. Land use policy, 2014, 41: 561-570.

[218] HOWLEY P, BUCKLEY C, O DONOGHUE C, et al. Explaining the economic "irrationality" of farmers' land use behaviour: the role of productivist attitudes and non-pecuniary benefits[J]. Ecological economics, 2015, 109:186-193.

[219] HUY H T, LYNE M, RATNA N, et al. Drivers of transaction costs affecting participation in the rental market for cropland in Vietnam[J]. Australian journal of agricultural and resource economics, 2016, 60(3): 476-492.

[220] ITO J, BAO Z S, NI J. Land rental development via institutional innovation in rural Jiangsu, China[J]. Food policy, 2016, 59: 1-11.

[221] ITO J, NISHIKORI M, TOYOSHI M, et al. The contribution of land exchange institutions and markets in countering farmland abandonment in Japan[J]. Land use policy, 2016, 57: 582-593.

[222] JACOBY H G, LI G, ROZELLE S. Hazards of expropriation: tenure insecurity and investment in rural China[J]. The american economic review, 2002, 92(5):

1420-1447.

[223] JI X Q, ZHONG H Q, ZHANG L X, et al. Rural labor migration and households' land rental behavior: evidence from China[J]. China & world economy, 2018, 26(1): 66-85.

[224] JIA L, PETRICK M. How does land fragmentation affect off-farm labor supply: panel data evidence from China[J]. Agricultural economics, 2014, 45(3): 369-380.

[225] JIN S, JAYNE T S. Land rental markets in Kenya: Implications for efficiency, equity, household income, and poverty[J]. Land economics, 2013, 89(2): 246-271.

[226] JIN S, DEININGER K. Land rental markets in the process of rural structural transformation: Productivity and equity impacts from China[J]. Journal of comparative economics, 2009, 37(4): 629-646.

[227] KEY N, SADOULET E, JANVRY A D. Transactions costs and agricultural household supply response[J]. American journal of agricultural economics, 2000, 82(2): 245-259.

[228] LEE J Y. Application of the three-stage DEA in measuring efficiency–an empirical evidence[J]. Applied economics letters, 2008, 15(1): 49-52.

[229] LI Z. Survey on the peasants' will of forest land transfer in the reform of collective forest right system-on the case of 180 peasant households in Lishui city of Zhejiang province[J]. Asian agricultural research, 2011, 3(10): 19-25.

[230] MA X L, HEERINK N, VAN IERLAND, et al. Land tenure insecurity and rural-urban migration in rural China[J]. Papers in regional science, 2016, 95(2): 383-406.

[231] MARKOWSKI-LINDSAY M, CATANZARO P, MILMAN A, et al. Under-

standing family forest land future ownership and use: exploring conservation bequest motivations[J]. Small-scale forestry, 2016, 15(2): 241-256.

[232] MEZGER K C, BEAUCHEMIN C. The role of international migration experience for investment at home: direct, indirect, and equalising effects in Senegal[J]. Population, space and place, 2015, 21(6): 535-552.

[233] MIAO G, WEST R A. Chinese collective forestlands: contributions and constraints [J]. International forestry review, 2004, 6(3):282-296.

[234] NEWBURN D, REED S, BERCK P, et al. Economics and land‐use change in prioritizing private land conservation[J]. Conservation biology, 2005, 19(5): 1411-1420.

[235] NISKANEN A, PETTENELLA D, SLEE B. Barriers and opportunities for the development of small-scale forest enterprises in Europe[J]. Small-scale forestry, 2007, 6(4): 331-345.

[236] PANNELL D J, MARSHALL G R, BARR N, et al. Understanding and promoting adoption of conservation practices by rural landholders[J]. Australian journal of experimental agriculture, 2006, 46(11): 1407-1424.

[237] PAPKE L E, WOOLDRIDGE J M. Econometric methods for fractional response variables with an application to 401 (k) plan participation rates[J]. Journal of applied econometrics, 1996, 11(6): 619-632.

[238] QIN P, XU J. Forest land rights, tenure types, and farmers' investment incentives in China: an empirical study of Fujian province[J]. China agricultural economic review, 2013, 5(1): 154-170.

[239] POUTA E, MYYRÄ S, PIETOLA K. Landowner response to policies regulating land improvements in Finland: lease or search for other options?[J]. Land use policy, 2012, 29(2): 367-376.

[240] RAHMAN S. Determinants of agricultural land rental market transactions in Bangladesh[J]. Land use policy, 2010, 27(3):957-964.

[241] RESTUCCIA D, SANTAEULALIA-LLOPIS R. Land misallocation and productivity[R]. [S.l.]: National bureau of economic research, 2017.

[242] ROBSON M, KANT S. The influence of context on deliberation and cooperation in community-based forest management in Ontario, Canada[J]. Human ecology, 2009, 37(5): 547-558.

[243] SALEHIRAD N, SOWLATI T. Productivity and efficiency assessment of the wood industry: a review with a focus on Canada[J]. Forest products journal, 2006, 56(11-12):25-32.

[244] KIMURA S, OTSUKA K, SONOBE T, et al. Efficiency of land allocation through tenancy markets: evidence from China[J]. Economic development and cultural change, 2011, 59(3): 485-510.

[245] TAYLOR J E, ROZELLE S, DE BRAUW A. Migration and incomes in source communities: a new economics of migration perspective from China[J]. Economic development and cultural change, 2003, 52(1): 75-101.

[246] TEKLU T, LEMI A. Factors affecting entry and intensity in informal rental land markets in Southern Ethiopian highlands[J]. Agricultural economics, 2004, 30(2):117-128.

[247] WANG H, RIEDINGER J, JIN S Q. Land documents, tenure security and land rental development: panel evidence from China[J]. China economic review, 2015, 36: 220-235.

[248] XIE Y, GONG P, HAN X, et al. The effect of collective forestland tenure reform in China: does land parcelization reduce forest management intensity?[J]. Journal of forest economics, 2014, 20(2): 126-140.

[249] YAMI M, SNYDER K A. After all, land belongs to the state: examining the benefits of land registration for smallholders in Ethiopia[J]. Land degradation & development, 2016, 27(3): 465-478.

[250] YAN W , KLEIN K K. Transfer of land use rights in China: results from a survey of rural: Households in 8 counties of hebei provincel[J]. International journal of agricultural science and technology, 2013, 1(3):33-42.

[251] YAN X, BAUER S, HUO X. Farm size, land reallocation, and labour migration in rural China[J]. Population, space and place, 2014, 20(4): 303-315.

[252] YAN X, HUO X. Drivers of household entry and intensity in land rental market in rural China: evidence from North Henan Province[J]. China agricultural economic review, 2016, 8(2): 345-364.

[253] YAO Y. The development of the land lease market in rural China[J]. Land economics, 2000, 76(2): 252-266.

[254] YIN R, YAO S, HUO X. China's forest tenure reform and institutional change in the new century: what has been implemented and what remains to be pursued?[J]. Land use policy, 2013, 30(1):825-823.

[255] ZHANG D W, FLICK W A. Sticks, carrots, and reforestation investment[J]. Land economics, 2001, 77(3): 443-456.

[256] ZHANG Q F, QINGGUO M, XU X. Development of land rental markets in rural Zhejiang: growth of off-farm jobs and institution building[J]. The China quarterly, 2004, 180: 1031-1049.

附 录

问卷编号：□□□□□□□□□

_____ 省 _____ 市 _____ 县 _____ 村

林地流转调研问卷

户主姓名：_____

电话号码：_____

调研日期：_____ 年 ____ 月 ____ 日

2019年1月

一、家庭基本情况

1. 户主基本特征

年份	性别	年龄	受教育程度	是否村组干部	是否党员	是否接受过林业培训	身体健康状况
2018							
2017							
2016							
2015							
2014							

注：1. 性别：A. 男；B. 女

2. 年龄：填写户主实际年龄（单位：岁）

3. 受教育程度：填写户主受教育实际年限（单位：年）

4. 是否村组及以上干部：A. 是；B. 否

5. 是否党员：A. 是；B. 否

6. 是否接受过林业培训：A. 是；B. 否

7. 身体健康状况：A. 好；B. 中；C. 差

2. 家庭基本情况

年份	总人口数	男性人口数	6岁以下人口数	65岁以上人口数	16岁以上劳动力数	劳动力平均年龄	劳动力平均受教育程度	家庭成员中是否有党员干部
2018								
2017								
2016								
2015								
2014								

注：1. 总人口数：填写家庭总人口数（单位：人）

2. 男性人口数：填写家庭男性人口数（单位：人）

3. 6岁以下人口数：填写家庭6岁以下人口数（单位：人）

4. 65岁以上人口数：填写家庭65岁以上人口数（单位：人）

5. 16岁以上劳动力数：填写家庭16岁以上劳动力数（单位：人）

6. 劳动力平均年龄：填写家庭劳动力的平均年龄（单位：岁）

7. 劳动力平均受教育程度：填写家庭劳动力平均受教育年限（单位：年）

8. 家庭成员中是否有党员干部：A. 是；B. 否

二、家庭资源禀赋情况

年份	耕地		林地				
	总面积/亩	地块数	有证面积/亩	地块数	经济林面积/亩	用材林面积/亩	其他林面积/亩
2018							
2017							
2016							
2015							
2014							

三、林地流转情况

1. 是否流入林地：是/否。

2. 流入林地情况：

地块	流入林地性质	流入林地面积	流入林地价格	流入林地时间	流入林地年限	流入林地形式	流入林地来源
第1块							
第2块							
第3块							
第4块							
第5块							
地块	流入林地原因	流入林地信息渠道	中介收费水平	是否签订书面合同	交通便利程度	林地肥沃程度	流入林地满意程度
第1块							
第2块							
第3块							
第4块							
第5块							

注：1. 流入林地性质：A. 经济林；B. 用材林；C. 其他

　　2. 流入林地面积：填写实际流入林地亩数（单位：亩）

3. 流入林地价格 [元 /（亩•年）]：

    A.0~1 元；B.1~150 元；C.50~100 元；D.100~200 元；E.200 元以上

4. 流入林地时间：填写流入林地的实际年份

5. 流入林地年限：A.10 年以下；B.10~30 年；C.30~50 年；D.50 年以上

6. 林地流入形式：A. 出租；B. 转包；C. 转让；D. 入股；E. 互换；F. 其他

7. 流入林地来源：A. 工商企业；B. 林业合作社；C. 本村农户；D. 外村农户

8. 流入林地原因：A. 增加家庭收入；B. 政策鼓励；C. 有多余劳动力；

    D. 帮助亲朋好友；E. 其他

9. 流入林地信息渠道：

    A. 村或乡级信息平台；B. 中介；C. 村干部；D. 亲朋好友；E. 其他

10. 中介收费水平：A. 非常高；B. 比较高；C. 合理

11. 是否签订书面合同：A. 是；B. 否

12. 交通便利程度：A. 比较便利；B. 一般；C. 不便利

13. 林地肥沃程度：A. 肥沃；B. 比较肥沃；C. 一般；D. 比较贫瘠；E. 贫瘠

14. 流入林地满意程度：

    A. 非常满意；B. 比较满意；C. 一般满意；D. 比较不满意；E. 很不满意

3. 是否流出林地：是 / 否。

4. 流出林地情况：

地块	流出林地性质	流出林地面积	流出林地价格	流出林地时间	流出林地年限	流出林地形式	林地流转对象
第 1 块							
第 2 块							
第 3 块							
第 4 块							
第 5 块							
地块	流出林地原因	流出林地信息渠道	中介收费水平	是否签订书面合同	交通便利程度	林地肥沃程度	流出林地满意程度
第 1 块							
第 2 块							
第 3 块							

地块	流出林地原因	流出林地信息渠道	中介收费水平	是否签订书面合同	交通便利程度	林地肥沃程度	流出林地满意程度
第4块							
第5块							

注: 1. 流出林地性质: A. 经济林; B. 用材林; C. 其他

2. 流出林地面积: 填写实际林地亩数 (单位: 亩)

3. 流出林地价格 [元 / (亩·年)]:

　　A.0~1 元; B.1~50 元; C.50~100 元; D.100~200 元; E.200 元以上

4. 流出林地时间: 填写林地流出的实际年份

5. 流出林地年限: A.10 年以下; B.10~30 年; C.30~50 年; D.50 年以上

6. 林地流出形式: A. 出租; B. 转包; C. 转让; D. 入股; E. 互换; F. 其他

7. 林地流转对象: A. 工商企业; B. 林业合作社; C. 本村农户; D. 外村农户

8. 流出林地原因: A. 林业效益低; B. 外出务工; C. 经营林业比较辛苦;

　　D. 缺乏劳动力; E. 其他

9. 流出林地信息渠道:

　　A. 村或乡级信息平台; B. 中介; C. 村干部; D. 亲朋好友; E. 其他

10. 中介收费水平: A. 非常高; B. 比较高; C. 合理

11. 是否签订书面合同: A. 是; B. 否

12. 交通便利程度: A. 比较便利; B. 一般; C. 不便利

13. 林地肥沃程度: A. 肥沃; B. 比较肥沃; C. 一般; D. 比较贫瘠; E. 贫瘠

14. 流出林地满意程度:

　　A. 非常满意; B. 比较满意; C. 一般满意; D. 比较不满意; E. 很不满意

四、未流转林地情况

1. 未流转林地农户是否想流转: 是 / 否。

2. 未流入林地原因 _____。A. 林业经营收益低; B. 外出务工;
C. 租金高; D. 流转不到林地; E. 劳动力不足; F. 其他

3. 未流出林地原因 _____。A. 没人愿意租; B. 租金太低; C. 自
己经营; D. 出租后拿不到补贴; E. 怕收不回来; F. 其他

4. 未流转农户流转意愿情况：

年份	想流入林地面积	想流入林地性质	想流入林地原因	流入林地期望价格	想流出林地面积	想流出林地性质	想流出林地原因	流出林地期望价格
2018								
2017								
2016								
2015								
2014								

注：1. 想流入林地面积：想流入林地的面积（单位：亩）

2. 想流入林地性质：A. 经济林；B. 用材林；C. 其他

3. 想流入林地原因：A. 增加家庭收入；B. 政策鼓励；C. 有多余劳动力；

   D. 帮助亲朋好友，E. 其他

4. 流入林地期望价格 [元 /（亩·年）]：

   A.0~1 元；B.1~50 元；C.50~100 元；D.100~200 元；E.200 元以上

5. 想流出林地面积：想流出林地的面积（单位：亩）

6. 想流出林地性质：A. 经济林；B. 用材林；C. 其他

7. 想流出林地原因：A. 林业效益低；B. 外出务工；C. 经营林业比较辛苦；

   D. 缺乏劳动力；E. 其他

8. 流出林地期望价格 [元 /（亩·年）]：

   A.0~1 元；B.1~50 元；C.50~100 元；D.100~200 元；E.200 元以上

五、家庭劳动力配置情况

年份	外出务工人数	外出务工中女性人数	家庭林业劳动投入量	女性林业劳动投入量	45 岁以上林业劳动投入量	50 岁以上林业劳动投入量	60 岁以上林业劳动投入量
2018							
2017							
2016							
2015							
2014							

注：1. 外出务工人数：外出务工超过 180 天的劳动力数量（单位：人）

2. 外出务工女性人数：填写外出务工中女性劳动力人数（单位：人）

3. 家庭林业劳动投入量：填写家庭林业经营活动的劳动投入量（单位：工日）

4. 女性林业劳动投入量：填写家庭女性劳动力在林业劳动中的投入量（单位：工日）

5.45 岁以上劳动投入量：填写 45 岁以上老年人口在林业劳动中的投入量（单位：工日）

6.50 岁以上劳动投入量：填写 50 岁以上老年人口在林业劳动中的投入量（单位：工日）

7.60 岁以上劳动投入量：填写 60 岁以上老年人口在林业劳动中的投入量（单位：工日）

六、林业经营资金投入情况

年限	种苗投入金额	农药投入金额	化肥投入金额	林业机械价值	林业机械折旧金额	林业机械租赁费	林业固定资产价值
2018							
2017							
2016							
2015							
2014							

注：1. 林地种苗投入总额：林地种苗投入总金额（单位：元）

2. 林地农药投入总额：林地农药投入总金额（单位：元）

3. 林地化肥投入总额：林地化肥投入总金额（单位：元）

4. 林业机械价值：年末林业机械价值（单位：元）

5. 林业机械折旧金额：林业机械年均折旧金额（单位：元）

6. 林业机械租赁费：租入林业机械的费用支出金额（单位：元）

7. 林业固定资产价值：年末林业固定资产价值（单位：元）

七、农户收入情况

年份	家庭总收入	外出务工收入	农作物收入	农地流转收入	林业经营收入	林地流转收入	政府补助收入	其他副业收入
2018								
2017								
2016								
2015								
2014								

注：1. 家庭总收入：本年度家庭总收入（单位：元）

2. 外出务工收入：外出务工超过 180 日的收入（单位：元）

3. 农作物收入：种植农作物的经营收入（单位：元）

4. 农地流转收入：流出农地的租金收入（单位：元）

5. 林业经营收入：从事林业经营的收入（单位：元）

6. 林地流转收入：流出林地的租金收入（单位：元）

7. 政府补助收入：政府对农业经营的补贴收入（单位：元）

8. 其他副业收入：从事养殖、个体经营或其他副业的收入（单位：元）

八、村庄特征

1. 村庄经济情况：

年份	木材价格	雇工工资水平	采伐申请难易程度	村里对林地流转的限制	村庄人均收入水平
2018					
2017					
2016					
2015					
2014					

注：1. 木材价格：当地每立方米木材价格（元／立方米）

2. 雇工工资水平：当地雇工日均工资水平（元／天）

3. 采伐指标申请难易程度：A. 容易；B. 难

4. 村里对林地流转的限制：A. 没有限制；B. 限制较少；C. 限制较严

5. 村庄人均收入：村庄人均年收入水平（单位：万元／人）

2. 村庄到最近乡镇的距离：＿＿＿＿＿＿＿＿＿＿公里。

3. 村庄到县城的距离：＿＿＿＿＿＿＿＿＿＿公里。

后 记

本书得到了国家林业局林业软科学课题"林改跟踪监测暨林业社会化服务体系建设专题研究(2015-R08-4)"和国家林业局2014年林业重大问题调研课题（ZDWT201415)的支持，特致殷切谢意！

衷心感谢导师张大红教授在本人攻读博士学位期间的几年里给予本人学业上的关心和指导！在攻读博士学位期间，虽然遭遇过几次挫折，但每次都有张老师的鼓舞，使我有了重整旗鼓的勇气。在张老师的指导下，本人的学术水平稳步提升，研究视野也逐渐开阔。张老师对人对物都有着一颗仁慈博爱的心，这种与人为善的精神时刻感染着我和师弟师妹们。

感谢曾玉林教授提供的调研支持，为本书的研究提供了宝贵的原始数据。感谢温亚利教授、程宝栋教授、张立中教授、胡明行教授给予本人的论文指导！由于本人还要在职工作，因此非常感谢夏春锋老师对我学习方面的支持！感谢中国社科院李周教授和国家林草局经研中心刘璨教授对我博士论文的指导，感谢你们提出的宝贵意见！

感谢北京林业大学培养了我，为我提供了再次深造的机会和平台，并让我遇见了像熊立春、白宇航、冯冀等这样优秀的同学。另外，宋璇同学在论文选题与写作方面也给予了本人有力的支持，在此表示感谢！在大红门学习的这几年，我非常荣幸地拥有众多可爱的师弟师妹，他们团结友爱，乐于助人。在校期间，冯彦同学在论文写作方面给予了本人许多独到的建议，此外，在我忙于毕业论文之际，师弟师妹们为我提供了许多无私的帮助，王时军、李燕坤、吴宇伦、王怡然等同学都不厌其烦地为我打印和提交资料，使我免去了许多舟车劳顿之苦，同时，王禹婷、刘巍、李岩等同学还自觉分担了大量课题任务，对此，向你们表示感谢！

　　三年博士期间，经历了很多的艰辛，为了能早日毕业，我经常熬夜写作论文，同时还要忙于工作，这样就不可避免地忽视了家庭。在此，我要感谢家人的默默支持，感谢我的爸爸妈妈、哥哥姐姐，还有我的妻子，你们是我最坚强的后盾！

汤　旭
2019 年 12 月 9 日于北京林业大学